さとり世代

——盗んだバイクで走り出さない若者たち

原田曜平

角川oneテーマ21

まえがき

今、「さとり世代」という言葉が、多くのメディアで取り上げられています。この言葉の意味には二説あり、一つは「ゆとり世代」の次の世代のことを言い表した世代名称だというもの、もう一つは「ゆとり世代」のことを言い換えた世代名称であるという説です（なお、この本では後者の説に則《のっと》り、論を進めています）。

そもそもこの言葉が生まれたのは、２０１０年1月。ネット掲示板2ちゃんねるの中の、元日経新聞記者である故・山岡拓《やまおかたく》氏の著作『欲しがらない若者たち』を語るスレッド上でした。今の若者は、車に乗らない、ブランド服も欲しくない、スポーツをしない、酒を飲まない、旅行もしない、恋愛には淡泊だ、と指摘するこの本に対し、ある一人（恐らくゆとり世代の若者自身）が、「さとり世代」と書き込むと、「いい言葉！」「面白いフレーズ」といったリアクションでスレッドが埋め尽くされ、この言葉が拡散していきました。

それから3年後、２０１３年3月18日の朝日新聞で「さとり世代、浸透中　車乗らない、恋愛は淡泊……若者気質、ネットが造語」という記事が出ると、大きな反響を呼びました。それを受け、朝日新聞がこの「さとり世代」についての連載を始めると、「さとり世代」という言葉が、更に多くのメディアで取り上げられるようになっていきました。

「大人たちは、僕たちが消費をしないとか、元気がないとか言って批判するけど、大した給料もない若いうちに、高いワインを飲んでいたバブル期の若者の方がおかしい。僕らは暗い時代に生きてきたから、さとってしまっただけなんだ！」という、それまで「ゆとり」という言葉によって、上の世代から見下げ続けられた世代の反抗として、「さとり」という言葉が生み出されたわけです。ちなみに、ゆとり世代の多くは、「ゆとり」と言われることが嫌なようです。

　3月18日の朝日新聞の記事で私がインタビューを受け、「さとり世代」について語ったこともあり、私のところにも多くのメディアから取材依頼が殺到しています。ツイッターではこの「さとり世代」をタイトルにした「ニーチェ先生～コンビニに、さとり世代の新人が舞い降りた」というツイートが人気を集め、『月刊コミックジーン』（メディアファクトリー）で漫画連載されるようになりました。また、『ＨＯＭＥＳＩＣＫ』（廣原《ひろはら》暁《さとる》監督）という映画が公開され、「さとり世代のリアル」を描いたと評判になっています。

　本来、さとるはずのない、経験値のまだ少ない若者たちに、「さとり」というキーワードがつけられていることに、違和感や憤りを感じている大人もいるかもしれませんし、何やらクールな言動をするゆとり世代の若者たちと直《じか》に接し、この言葉が肌感覚としてしっくりきた大人もいるのかもしれません。賛否両論、大きな反響をもって、この言葉は大人にも広がっています。

私・原田《はらだ》曜平《ようへい》は、博報堂という広告会社に所属していて、博報堂ブランドデザイン若者研究所（「若者研」と略しています）というところでリーダーを務めている研究者兼マーケッターです。「若者研」には、首都圏に住む一般の高校生～若手社会人（大学生が中心）の合計約１００名の「さとり世代」が所属していて、彼らは「現場研究員」と呼ばれています。「若者研」では日々、「現場研究員」と協働し、若者の新しいトレンドや消費性向の研究を行いながら、一方で、様々な企業とタッグを組み、若者向けの商品の開発や、広告・プロモーション案の企画・立案を行っています。例えば、若者向けの車の商品開発をしたり、若者向けの飲料のテレビＣＭを作ったりしています。「さとり世代」が消費をしなくなったと言われているだけに、業務のご依頼は日に日に増えています。

今回は、この「現場研究員」たちの中から、この本の制作に興味がある61人を抽出し、彼らと議論を重ね、「さとり世代の解明」という作業に取り組みました。

会合は6回にわたり、1回あたり5、6時間の議論を重ねたので、恐らく合計30時間以上、彼らと「さとり世代」について議論をしたことになると思います。

「現場研究員」は、ほとんどが東京あるいは首都圏在住の大学生で、優秀な大学に通っている人が多いので、日本全体の「さとり世代」の代表者とまでは言えません。

しかし、彼らの中には地方出身者も多くいますし、そもそも今の若者たちは、ソーシャルメディアによって様々なエリアや社会階層の友達ともつながるようになっているので、自分の話だけではなく、自分とは違う様々なタイプの若者についても語れるようになってきています。加えて、日々、「若者研」の業務で、彼らは自分とは違う様々なタイプの若者たちにインタビューをして意見を収集することなどに慣れています。

よって、完全に、と言うつもりはありませんが、ある程度おおざっぱには、「さとり世代」全体の空気を表現できた本になったのではないかと自負しています。

とは言え、本当は『これからの「正義」の話をしよう』（早川書房）のマイケル・サンデル教授と生徒たちとの「白熱教室」をイメージして講義をスタートしたものの、学生たちの話があちらこちらに飛び、何よりＭＣ役である私の器が足りなかったことが最大の問題だと思いますが、議論がかなり拡散してしまった部分があったように思います。しかし、この本の売りは「さとり世代のリアル」という部分にあるので、あえて強引な編集はせず、極力彼らとのやり取りを尊重して掲載することにしました。読みにくい面もあるかと思いますが、会議室でのリアルなやり取りを想像していただき、若者を肌感覚で理解する一助にしていただければ幸いです。

なお、本書の最後に収録した「番外編　バブル世代vsさとり世代」の章を最初に読んでいただくのも良いかもしれません。この章が全体の総括になっていますし、特にバブル世代の読者の方には入りやすいかもしれません。

最後に「さとり世代」についての取材を私にして下さった朝日新聞の古田《ふるた》真梨子《まりこ》記者に御礼申し上げたいと思います。この取材と記事がきっかけになり、多くの取材や業務のご依頼もいただきましたし、この本も生まれることになりました。ありがとうございます。

原田曜平

さとり世代年表

年号	
	出来事：
	流行：
	さとり世代によるコメント：

年号	出来事	流行	さとり世代によるコメント
1992（0歳）	●毛利衛が「エンデバー」で宇宙へ　●バルセロナ五輪	●＜歌＞「晴れたらいいね」ドリームズ・カム・トゥルー	○「ジュリアナ東京と言えばお立ち台っていうけど…何？てかディスコって？（笑）」（女）
1993（1歳）	●細川内閣発足　●バブル崩壊 ●サラリーマンの消費支出、13年ぶりに実質減少	●＜歌＞「YAH YAH YAH」CHAGE＆ASUKA、「ロード」THE虎舞竜	○「生まれた途端バブル崩壊…。不幸だなー（笑）」（男）
1994（2歳）	●村山連立内閣成立　●松本サリン事件 ●大江健三郎にノーベル文学賞	●＜流行語＞就職氷河期　●＜歌＞「イノセントワールド」Mr.Children	○「就職氷河期って僕らだけじゃないんだ」（男） ○「ミスチルはカラオケで歌う人はいまだに多いよね」（男）
1995（3歳）	●阪神淡路大震災　●地下鉄サリン事件 ●不良債権の影響で金融不安拡大	●＜ファッション＞GAP 1号店　●＜ゲーム＞ゲームボーイ ●＜流行語＞インターネット	○「オウム真理教はこわいけど、どんな宗教かは知らない」（女） ○「ゲームボーイはクリスマスにサンタさんに必死でお願いした。持ってないと友達と遊べなかった」（男）
1996（4歳）	●橋本内閣成立　●薬害エイズ事件　●アトランタ五輪	●＜CM＞ペプシマン（日本ペプシコーラ） ●＜ゲーム＞ポケットモンスター、たまごっち ●＜流行語＞コギャル　●ミニスカ　●ルーズソックス	○「テレビで渋谷のギャルとか凄かったよね（笑）。やまんばみたいなギャルが本当にいるなんて」（男） ○「ゲームボーイと64でもうゲーム漬け」（男）
1997（5歳）	●消費税引き上げ　●神戸児童連続殺傷事件で14歳逮捕 ●サッカー日本代表W杯出場決定　●山一證券自主廃業	●＜アニメ＞「ポケモン」　●＜マンガ＞「ワンピース」 ●＜テレビ＞「学校へ行こう！」　●ハイパーヨーヨー	○「親は騒いでたけど、消費税2%増えてもそんな変わらなくない？」（女） ○「山一證券って有名だったの？あんまり実感が湧かない」（男） ○「ポケモンは誰もが見てた！　僕らの子供時代といえばポケモン!!」（男）

1998（6歳）

●長野五輪　●黒澤明死去　●第16回サッカーW杯日本出場

●＜ファッション＞ユニクロ原宿店オープン
●＜アニメ＞「おジャ魔女どれみ」「遊☆戯☆王」

○「お母さんがフリース買ってきた気がする」（男）

1999（7歳）

●全日空機ハイジャック事件　●新東京都知事に石原慎太郎
●ユーロ始動

●＜流行語＞i Mode　●＜歌＞「だんご3兄弟」
●＜ゲーム＞「スマッシュブラザーズ」　●＜テレビ＞「伊東家の食卓」
●AIBO（ソニー）、ファービー（トミー）、発売　●遊戯王カード

○「AIBOが出てペットロボットが流行してた。その後出たファービーは安かったから飛びついたね」（女）
○「遊戯王カード必死に集めた。アニメの主題歌とか歌いながら遊んでたよ」（男）

2000（8歳）

●西鉄バスジャック事件　●シドニー五輪
●白川英樹にノーベル化学賞

●＜本＞「ハリー・ポッターと賢者の石」　●モーニング娘。ブレイク
●＜流行語＞おっはー、IT革命
●トイザらス国内100号店オープン

○「ハリーの呪文とか良く覚えた！　あんな厚い本だけどなんか皆買ってたから買った」（男）
○「初めて買ったCDはモー娘。!」（女）

2001（9歳）

●小泉内閣発足　●9.11アメリカ同時多発テロ発生
●ブッシュがアメリカ大統領に　●狂牛病

●＜ゲーム＞ゲームボーイアドバンス、ゲームキューブ
●チョコエッグ　●＜アニメ＞「爆転シュート ベイブレード」

○「ゲームキューブ出て、新しいスマブラが出た。衝撃。買うしか無かったよね」（男）
○「9.11はテレビでニューヨークが大変な事になってる、くらいしか記憶がない」（女）
○「ベイブレードが品薄状態が続くほど人気」（男）

2002（10歳）

●日韓共催のW杯　●牛肉偽装事件
●公立学校完全週5日制（ゆとり教育）

●＜ゲーム＞Xbox、発売　●＜流行語＞ベッカム様（ベッカムヘア）
●ケータイ小説

○「サッカー＝ベッカム様＝ベッカムヘア。イケメン過ぎ!」（男）
○「よくわかんないけど土曜日が急になくなってラッキーって感じだった」（女）

2003（11歳）

●イラク戦争　●出生率が戦後最低を記録

●＜テレビ＞「エンタの神様」「トリビアの泉」
●＜ドラマ＞「キッズ・ウォー5」「大好き!五つ子5」
●六本木ヒルズ　●ゲーム脳

○「『ゲーム脳になるから!』と親に言われ、ゲームしたら外で遊ぶのが約束だった」（男）
○「『キッズ・ウォー5』『大好き!五つ子5』は夏休みの定番」（男）
○「イラク戦争はちょっと衝撃うけたかも」（女）

2004（12歳）	●アテネ五輪、日本過去最高メダル総数獲得　●オレオレ詐欺 ●新紙幣発行
	●ニート　●＜ドラマ＞「冬のソナタ」 ●＜ゲーム＞GREE、開始。利用者10万人突破
	○「テレビでニートとかが特集されてて、こんなのになりたくはないけど楽そうだなーとか思った」（男） ○「冬ソナ観てるおばさんとか気持ち悪いって思ってた。まさか韓流が今こんなに流行るとは…」（男）
2005（13歳）	●小泉総理人気　●アスベスト被害の実態露呈 ●郵政民営化法案で自民混乱　●耐震強度偽装問題
	●＜ドラマ＞「女王の教室」「野ブタ。をプロデュース」 ●＜テレビ＞「あいのり」　●＜流行語＞ブログ、ヒルズ族
	○「アメーバのブログとか女の子は結構やってたかも」（男） ○「ブログよりもプロフ（前略プロフィール）とかが身近だったかも」（女）
2006（14歳）	●日本郵政株式会社発足　●トリノ五輪で荒川静香金メダル ●全国の高校で履修漏れが発覚　●サッカーW杯ドイツ大会開催 ●WBCで王ジャパン世界一
	●＜流行語＞格差社会　●ミクシィ　●中田英寿、引退 ●夏の高校野球で早実が初優勝　●＜ゲーム＞Wii ●ワンセグ放送開始
	○「初めて持ったケータイにワンセグテレビが付いててテンションがアガッた！」（男） ○「そろそろゲームとかあんまり買わなくなった時期。Wiiは持ってなかった」（男） ○「イナバウアーすごかった！」（女）　○「ハンカチ王子イケメンだった！」（女）
2007（15歳）	●43年ぶり全国学力調査実施
	●＜流行語＞KY、どんだけぇ〜、ネットカフェ難民　●YouTube
	○「場が持たないときにどんだけぇ〜って言ってた」（女） ○「学校で一番KYなのは誰とか勝手に友達と決めてたりしたなー」（女）
2008（16歳）	●北京五輪　●松下電器がパナソニックに　●チベット騒乱 ●北京五輪でソフトボール金メダル　●福田首相、突然の退陣 ●リーマンブラザーズ破綻
	●iPhone3G　●＜流行語＞アラフォー　●Twitter ●年越し派遣村　●低価格均一居酒屋
	○「徐々にTwitter上で周りがやり取りを始め出したので自分も始めた」（女） ○「リーマンブラザーズが何なのか知らないけど、なんかヤバそうに感じた」（男） ○「iPhoneは日本のどのケータイよりかっこ良かった」（男） ○「格差社会、派遣切り。そういう言葉を毎日聞くようになったから将来が怖かった」（女）

2009（17歳）

●オバマが第44代米大統領に就任　●裁判員制度スタート
●豚インフルエンザ発生　●米ＧＭ経営破綻、国有化
●衆院選で民主党勝利、政権交代へ
●酒井法子、覚せい剤取締法違反で逮捕

●＜映画＞「おくりびと」
●＜流行語＞ファストファッション、草食男子、派遣切り
●YouTube、利用者数2000万人突破　●FOREVER 21

○「自分のお金で服を買う様になってきたからファストファッションは本当に助かる」（女）
○「草食男子という言葉ができて、自分のことか！って思った」（男）
○「政権交代したときは何かが変わるかも！ って思った。別に変わらなかったけど」（男）

2010（18歳）

●南アフリカでサッカーW杯　●バンクーバー冬季五輪
●子ども手当支給開始　●尖閣諸島問題浮上

●Facebook　●iPad　●AKB48
●＜流行語＞2位じゃダメなんですか、女子会

○「Facebook創始者の映画が流行。上映終了後、映画館内で登録を始めた」（男）
○「AKB48の曲はみんな知ってるからカラオケでも定番」（男）

2011（19歳）

●大学入試問題が試験中にネット掲示板に　●アナログ放送終了
●東日本大震災　●東京電力福島第一原発で国内初の炉心溶融
●サッカー女子W杯でなでしこJapanに国民栄誉賞

●＜ドラマ＞「マルモのおきて」
●＜流行語＞がんばろう日本、風評被害、どや顔

○「テレビで見た災害の様子は実感が湧かなかった。地震にもすぐになれたし」（男）
○「東電が色々隠したとか、情報はどれも信頼できない。体への影響も分からない。何か他人事だった」（男）
○「東北にいる友達のツイートみて、本当に大変なんだなあって思えたなあ」（女）

2012（20歳）

●東京スカイツリー開業　●ロンドン五輪　●衆院選で自民党圧勝
●第2次安倍内閣始動

●ガリガリ君コーンポタージュ味　●＜流行語＞ワイルドだろぉ
●街コン　●タトゥーストッキング

○「東京スカイツリーは行ってみたいと思ったけど3000円は高い」（女）
○「タトゥーかと思ったらストッキングか、みたいなシーンはよくあった」（男）

2013（21歳）

●新歌舞伎座が開場　●長嶋茂雄、松井秀喜に国民栄誉賞
●富士山、世界文化遺産登録

●LINE　●＜ドラマ＞「最高の離婚」「ラスト・シンデレラ」
●アベノミクス　●パズドラ

○「アベノミクスには期待したいけど、ダメだったら完全に政治興味なくなりそう」（女）
○「『最高の離婚』を見て、夫婦って面倒なのかなって思った。結婚したくないわ」（男）
○「本当に連絡とか全部LINE。そろそろ通知とか来すぎて疲れそう（笑）」（男）

目次

第1章　さとり世代の誕生

「さとり世代」は不景気でさとらざるをえなかった世代？

原田　「さとり世代」について皆と議論する前に、まずは「ゆとり世代」について話してみたいと思います。君たちは、一般的には「ゆとり世代」と呼ばれているわけですが、この言葉に対してどう思いますか？

早稲田《わせだ》大・3年・女　そもそもゆとり世代って、いつからいつまでの人のことを言うんですか？

原田　けっこう定義は曖昧《あいまい》なんだよね。学習指導要領の変更も段階的に行われてきたので。でも、一般的には、小中学校で２００２年度の学習指導要領による教育を受けた人たちのことを指すことが多く、１９８７年4月2日～１９８８年4月1日生まれより下の年代の人たちのことを指すみたいだね。大卒者で言うと、２０１３年現在で入社3年目くらいから下の人たちのことを言うようです。で、ゆとり世代は、円周率を「3」で習ったとか、運動会でお手手つないで同時にゴールしたとか、「これだからゆとり世代はダメだ」なんてバッシングを受けて育ってきたよね？

早稲田大・3年・女　「ゆとり」って言われるのは、もう慣れちゃって、どうでもいい、というか。聞き流すというか、ハイハイって。

桃山学院大・2年・女　「ゆとり世代」って言われても、「はあ……」ってなりますね。正直、自分たちが決めてなったことではないので、知らんがな、という感じです。ただ、ゆとり教育によって、私たちが本物の「ゆとり世代」になってしまっている、たるんでしまった部分が生まれているのかもしれない、とも思います。

原田　やっぱり、「ゆとり」って言われるのは、皆、基本的に嫌みたいだね。確かに、この言葉は、大体バッシングの文脈の中でしか出てこないもんね。では、最近出てきた「さとり世代」という呼称に対してはどう？　「ゆとり世代」よりは、君たちにとってはいい響きでしょう？　むしろ、まだ若く、さとるはずのない若者についたこの世代呼称に、多くの大人やメディアが反応しているのが不思議だけども。

早稲田大・4年・男　「ゆとり世代」って言われるのは、すごいマイナスなイメージがあって抵抗があったんですけど、「さとり世代」っていうと、どっちかっていうとプラスな感じがして、いい意味でさとってるよっていうふうに感じる。

早稲田大・3年・女　ゆとり教育という大人が決めた制度を押しつけられた私たちが「ゆとり世代」って呼ばれてるわけで、そこに悲観的なものが含まれてたと感じるんですけど。「さとり世代」っていうと、思うように行かない今の日本をさとってるよみたいな感じで、あまりにも自分たちのことをよく言いすぎなんじゃないのかなっていう感じがします。

一橋《ひとつばし》大・2年・男　不景気が、僕らをさとらせたのかな、って思います。不況しか知らないんだから、必然的にそうならざるをえないのかなっていう。昔に比べると、夢を持ちづらくなってしまっている。

早稲田大・3年・女　「さとり」ってちょっと自分たちのことをかわいそうと思いすぎな表現。僕らは今の日本の立ちゆかない状況をすごくわかってるんだよ、だから何も望まないんだよみたいな。なんかお高い位置に止まりすぎっていうか。

中央大・3年・男　僕は部屋に引きこもって本を読むのが好きで、髪型も坊主にしたりとか、あまりお金かからない生活をしていて、自分でもちょっとさとってるなってたまに思ったりするんですけど。上の人から「さとり世代」って言われて、もう若者って消費しないんだろうなと諦《あきら》めてるイメージが持たれてるんだったら、悲しい気はします。

原田　「さとり」っていう言葉自体には賛否両論がありつつも、「さとり世代」と呼ばれるに至った理由、君らが戦後最も日本が閉塞《へいそく》した時代に生きてきた、という点に関しては納得、という感じかな。

慶應《けいおう》大・2年・女　「さとり」という言葉は、普段の会話で「ほんと、さとってるよね」みたいに、軽い使い方はしてますね。でも、そんなに深い意味はないというか。例えば、「男っておごってくれないよね」と女友達に言われたときに、「そんなもんだよ、男なんて」みたいなことを言うと、「さとってるよね」と言われたり。けっこう軽く使っているイメージですね。

早稲田大・3年・男　「さとる」という言葉自体は軽い意味で使うかもしれませんが、自分たちはさとっている、と自信を持って言う感じではないかなと思います。それって何だかイタイ。僕、逆に、自分では「ゆとり世代」と言うと思うんです。

原田　「ゆとり世代」は使うの？　「ゆとり世代」って言葉は、君たちにとってはすごくネガティブな語感じゃない？　「若者＝ダメ」みたいな象徴的な言葉を自ら使うの？

早稲田大・3年・男　社会人のおじさんとしゃべるときに、自分を卑下して、「いや、僕、ゆとり世代なんですよ」って使うと便利そうですしね。

原田　（笑）。それこそさとってるじゃない。本当は「ゆとり世代」という言葉に違和感を感じているのに、自分を卑下したほうがおじさんたちとは付き合いやすそうだ、と。

早稲田大・3年・男　あと、本を読まないとか、向上心がないとかって言われるのも、まあなんか実際そうなのかなって自分でも思うので。

原田　（笑）。それもさとってるじゃない。昔は大人からバッシングされると、仮にその批判が正しくたってとりあえず反発した若者も多かったはず。ところが君たちさとり世代は、もちろん、反発する人も中にはいるけれども、「そうかもなあ」と素直に思う人も、恐らく昔よりは多くなっている気がします。良く言えば、客観的。悪く言えば、冷めてる。日本のぼろぼろな状況だけを見て育ってきたので、世の中や大人に過剰な期待を持っていないのかもね。逆に過去の時代は、国が安定していたり、発展していたりして、若者が社会に対して反発という「甘え」ができる余裕があった、と言えるかもしれないね。

引き算発想で満足度を高めている

原田　皆は「さとり世代」の特徴をあげてくださいって言われたら何と答える？

慶應大・2年・女　車とかそういうモノに対しての物欲があまりない。

原田　一般的によく言われているのが、車を買わない、お酒を飲まない、海外に行かないなど、いわゆる「消費離れ」。

慶應大・2年・女　上昇志向というか、社長になりたいとか、おカネを稼ぐという意欲はそこまでないのかな。

慶應大・2年・男　恋愛にも淡泊。

男　とにかく節約。コスパ（コストパフォーマンス）意識が高い。

原田　さとり世代は、クールなコスパ世代と。

横浜国大・3年・女　私はインドア世代だと思います。外に行くの自体が面倒臭いっていう人が増えていると思う。家の中にいてもテレビゲームとかあって遊べるし、ネットサーフィンしていれば一日中時間が潰《つぶ》せるし、別に外に行かなくてもいいから。

原田　それもコスパっちゃコスパだね。外に行くと、疲れるし、お金もかかるからね。

白百合《しらゆり》女子大・4年・女　さとり世代は、とにかく楽しければいいじゃなくて、リスクの少ないほうを選ぶ。例えば、お酒を飲み過ぎて吐きまくって、それでも楽しいっていうよりも、自分がスマートなまま終われるほうを選んでいるのかな。

早稲田大・3年・男　さとり世代のキーワードとして「リスクヘッジ」というのはわかりやすい。そもそもリスクヘッジというのはビジネス用語として悪い意味のものではないので、さとり世代は賢くなっていると言えるのではないでしょうか。

原田　その行動・消費をすることで、どれだけプラスがあるか、という見込み期待で物事を考えるんじゃなくて、マイナスがないか、という見込み損失で考えると。足し算発想じゃなくて、引き算発想なんだね。これも経済成長を実感できたバブル世代を含めたそれより上の世代の人と、不景気しか知らないさとり世代の最たる違いかもしれないね。この発想が、消費停滞の根源にあるのかもしれないね。

桃山学院大・2年・女　引き算思考になっているというのに同感です。メリット・デメリット、どっちが多いのか、という考え方は私もよくします。大きな賭《か》けに出ることができないのがさとり世代の特徴だと思います。消費行動においても、「ブランドの服を1着買うより、ファストファッションで安い服を何着も買う方がお得だし、着回しもきく」という主婦みたいな考え方かもしれません。

早稲田大・4年・男　妥協世代。ここら辺でいいやって自分たちで決めてる。上の世代から見ると、それでいいのって感じなんでしょうけど、僕たちの中では、満足度はすごく高くて、そこにギャップがある気がする。

原田　今の二十代の満足度が、他の年代の人たちよりも高く、かつ、過去の二十代よりも高くなってきていることは、いろいろなところで指摘されているね。さとり世代は、引き算発想だから、日々の生活の中でマイナスなことが起こらないと満足する精神構造になっているのかもしれないね。日々、足し算発想でプラスのことを起こすのはけっこう労力もかかって、うまくいかないことも多いから、満足度が高い日があったり、低い日があったりしそう。足し算発想だと平均すると、満足度は低いかもしれない。でも、「つつがない日常」に満足するのであれば、無理な行動をしない限り平均点は高くなるわけで、これがさとり世代の満足度が高い理由かもしれないね。

さとり世代はモノより思い出

早稲田大・4年・男　さとり世代は消費しないとよく言われるけど、意外に消費をしている気がするんですね。欲しいものの対象が変わっただけで。実はさとり世代の消費は、ちっちゃくてもけっこう活発に行われているんじゃないかと。

原田　自動車は買わなくても自転車は買うとか、お酒は飲まないけどカフェには男子どうしでも行くとか、そういった類《たぐい》の話だね？

早稲田大・4年・男　はい。けっこう僕らは合理的に動いているのかなと。例えば、車で言うと、別に外車に乗らなくても、軽自動車に乗っておけば楽しいし、彼女とのデートでも軽自動車だって恥ずかしくないし、彼女も恥ずかしいと思わないし、別に外車である必要なんてなくて、車は車だっていう。他のところでお金をかければいいんじゃないかと思う。さとり世代は実は頭がいいんじゃないかと。上の世代って、言い方は悪いですけれど、クレイジーじゃないですか（笑）、高級外車に乗りたいなんて、訳わからないです。ブランドのマークが付いているだけで、数百万円も高くなって、本当にその価値はあるの？　という。

原田　まあ、今の軽自動車は昔と違って、かなり高機能になってきているので、昔よりは普通車と差が見えにくくなってきている、という面もあるんだろうけど。でも、例えば、軽自動車よりスピードが出るとか、必ずしもブランド代だけで高くなってるんじゃなくて、実際の機能に基づいて値段が上がっている部分もあるでしょう？

早稲田大・4年・男　日本じゃ高速道路でも大してスピード出せないじゃないですか。出せないものを持っていても仕方ないじゃないですか。昔はスピードを出すことがカッコよかったんだろうけど、なんか危ないし。僕は上の世代に対して違和感を感じることのほうが大きい。

原田　君らがさとっているんじゃなくて、上の世代がさとってなさすぎと？

早稲田大・4年・男　むしろ僕たちのほうが、上の世代をけっこうネガティブに思っているというか。よくそんなことできたねっていうイメージです。

原田　親が子供に言うコメントのようだね（笑）。大丈夫、そんなにやんちゃして？　みたいな。

中央大・3年・女　バブル期だったら、皆がブランドバッグを持つだけじゃなくて、その商品の型番も大事、みたいな感じだったんでしょうけど、今ってモノにステイタスを求めてなくて、本当にいいもの、自分が認めたものを持つようになっているのかなと思います。

原田　単なる表層的なブランドには動かされなくなっている、と。ある自動車のCMの有名なキャッチコピー「モノより思い出」が、1999年にできたけど、90年代に生まれた皆は、まさにそんな感覚を持っているのかもしれないね。

格差とソーシャルメディアによって世の中が優しくなった

早稲田大・4年・男　さとり世代って、格差によって生まれたのかなと思います。ブランド物に興味がない人ももちろん増えていますが、欲しい人も中にはけっこういると思います。昔のことはよくわからないですけど、昔は皆がとにかくブランド物を欲しがったり、頑張れば皆買えた、っていう状況もあったように思う。でも今は、格差が生まれて、私はここらへんでいいやとか、ブランド物は買わなくていいや、買えないわと考えるようになった人も増えた。所属するコミュニティによっては、人の目も気にしなくちゃいけなくなっているし。

原田　格差が生まれたから、自分はブランド物と関係ない社会階層だ、って思う若者が増えた、と。で、そうした社会階層の友達がいるコミュニティでは、ブランド物を見せびらかしたりできない、だから買わないと。

早稲田大・4年・男　さとり世代って、空気を読む世代だと思います。ソーシャルメディアでいろいろな人とつながり、いろいろなコミュニティを持っているので、コミュニティごとに合わせて空気を読まなくてはいけない。それが消費にも表れているんじゃないかと。

慶應大・2年・女　私は、「さとり世代」って、カメレオン世代だと思います。友達やコミュニティによって、自分のキャラクターや持ち物をちょっと変えてみたり。例えばブランド物をすごく持っている友達がいたら、自分もすごくオシャレを頑張ったりするし、逆に気楽な地元の友達の前では、あんまりそういうブランド物を持たないようにしたり。

原田　ソーシャルメディアを介して友達もコミュニティも多くなっているし、格差もあるから、さとり世代は空気を読むようになってきている、と。

慶應大・2年・女　やっかみをあんまり買いたくないというか。どこのコミュニティでもいい顔をしていたいというか。

原田　あまり出過ぎないとか、コミュニティに合わせようとかっていう、君たちのちょっと控え目な行動が、さとっているように見られるんだろうし、「ブランド離れ」に見られるように、君たちの消費性向にも影響しているのかもしれないね。

慶應大・2年・女　周りに合わせるっていうのは、個人を尊重するようになっているという意味もあると思います。例えば、大人数の飲み会のときも、「まずはビール」という強制がなく、カクテルやサワーを飲んでもいいし、イッキなんかさせないで、みんなで会話を楽しむほうを選ぶとか。個人を尊重する世代なのかなと思って。

原田　オールラウンドサークルなんかで、激しい飲み方をするサークルもまだあるけど、基本的にさとり世代は優しくなっているよね。飲み会での強制も減っているし、そもそも社会的押し付けが減っている中で生きてきたので、「こうじゃなきゃいけないからこうしろ」という相手への押し付けが少なくなってきているね。これも根底には格差やソーシャルメディアが影響しているのかもしれないね。でも、かつてはこうしたある種の社会的プレッシャーが、消費や行動の一つの原動力になっていたよね。例えば、「まずはビール」があったから、ビールの味が嫌いな人でも、最初の一杯目はビールを飲んでいたわけだし、そうしているうちにいつの間にかビールが好きになっていった人もいた。「25歳を過ぎた女性は25日を過ぎたクリスマスケーキと同じ」と言われていたから、嫌々だった人もいただろうけど、とりあえず、結婚した人が多かった。社会から強制や強要が減って、個人の自由が尊重されるというのは、基本的には良いことだと思うけど、かつてあった消費や社会的慣習が減ってしまうわけで、この点について皆はどう思う？

早稲田大・3年・男　世の中が優しく、自由になり過ぎたから、全て自分たちで選択しなくてはいけなくなった。実は無思考で、選択しなくて良かった時代のほうが楽だった気がする。

中央大・3年・男　無根拠に信じられるものがあった時代のほうが良かった気がする。自由は本当に大変。でも、あまりに皆が右へ倣えも気持ちが悪いけど。

原田　さとり世代は、既に自由な時代を生きてきたから、むしろ「不自由さ」を求めているのかもしれないね。確かに、経験値のない若い時代に、「好きにしていいよ」って言われても、自信を持って選択できる人は、一部の優秀な人に限られるもんね。さとり世代は、かつての自由を求めた若者とは違い、揺り戻しのステージにいて、ある程度、社会や大人から強制されたいんだね。

情報通で冷めた世代

原田　さとり世代が、なんだか冷めているように見えるのは、不景気という時代背景とか、格差とか、ソーシャルメディアが影響してそうだね。

慶應大・2年・女　冷めているというか、客観的に、鳥瞰《ちょうかん》的に物事を見ているのが、さとり世代なんじゃないかって思います。

原田　でもさ、若いうちって経験値もないし、主観が強いはずでしょう？　物事を客観的に見られるようになる、って、ある程度、経験値と相関するんじゃない？

慶應大・2年・女　今はすごく情報が溢《あふ》れているわけじゃないですか。その情報を自分の中で、まるで自分の経験かのように理解したりできるんじゃないかと。例えばバイトで、「店長になる気はないの？」って言われて、「いや、大変じゃないですか」と返す人が多いのも、店長はなんとなく大変だという情報をいろんなところから聞いているとか。

原田　店長を自分で経験したわけじゃないのに、ソーシャルメディアによる口コミ等々で、店長は大変なことばかりで得がない、と思ってしまう、と。日本生産性本部の2013年4月入社のさとり世代の新入社員に対するアンケート調査では、「出世して社長になりたい」

と回答する人は、過去最低の13％だった。１９７０年には3割近くの新入社員が希望してたようだけど。これも「なんとなく企業の社長って、責任ばっかり取らされて大変だなあ」と思う人が増えている証左かもしれないね。

慶應大・2年・女　自分が情熱を持ってもっとやろうと思ったら、周りが見えなくなって盲目的になるじゃないですか。でもさとり世代は、あまりそうはならない。一歩引いた立場から見て、別に上に行かなくてもいいかなと考えたりする。

原田　僕が『近頃の若者はなぜダメなのか』（光文社）で散々言っている「既視感」というやつですね。要は、デジャブのことで、口コミ情報が大量に入ってくるようになったことで、自分が体験してもないのに体験したような気になってしまう。

慶應大・2年・女　例えば旅行に行こうと思い立ったはいいけれど、いろんなところを調べているうちに、ハワイは日本人が多くて良くないとか、ネガティブな情報ばっかりたくさん入ってきて。そうやっているうちに、もう行かなくていいやみたいな感じになっちゃう。

原田　昔は芸能人がハワイへ行ってるのをテレビで見るだけだったから、実際、美しいワイキキビーチのイメージしか持ちようがなかった。要は、昔は「ポジティブ」なマス情報しか入ってこようがなかったのが、今は「ネガティブ」なミクロ情報まで多く入るようになった。一面においては、昔より皆が情報通になっているのは確か。でも、その中途半端に不確かでネガティブな情報が増えたことによって、若者たちの行動力が削《そ》がれてしまうようになったのも確かなようだね。

SNSとゆとり教育のせいで空気を読むようになった

バブル世代編集者　ここまでもちょこちょこ出てきましたが、皆さん、すごく空気を読むじゃないですか。それっていつ頃からそうなったんだろう？

慶應大・2年・女　自分は中学生ぐらいからかなと思う。やっぱりSNSに触れ始めてからかな。顔が見えないやり取りの中で、文字だけで、結構相手の気持ちを考えたり。

早稲田大・3年・男　中学生の時から、集団の中で、あいつわがままじゃない？　という空気を出してハブられる（仲間はずれにされる）、みたいなことがあって、その頃はSNSは使っていなかったけど既に「空気」みたいなものはあったのかなあ、と思います。

早稲田大・4年・男　第一次と第二次のステップがあったんですけど、第一次が中学校の成績表に「協調性がある・ない」みたいな欄があったこと。

原田　まさにゆとり教育ですね。

早稲田大・4年・男　僕、その欄が×（バツ）というか、評価がつかなかったんですよ。自分は人のこと考えられないんだと落ち込んだ。しかも、お母さんに怒られたんですよ。なんであんたは野球をやってるのに、人のことを考えられないの、みたいに。そこで、あー、人のことをもっと考えたほうがいいのかな、と考えるようになって。で、第二次は「前略プロフ」（自己紹介をするウェブサイト）ですね。ちょうど高2からやり始めました。そこでいろいろな友達とつながり、対人関係で気を遣うようになった。友達ともめると、「2ちゃんねる」で個人情報をさらされたりしちゃって。

原田　ゆとり教育とＳＮＳのせいで、過剰に空気を読むようになったと。

桃山学院大・4年・女　中学の時に、彼氏のノロケ話とかを自分のホームページに書きまくってて……個人のものだからいいと思っていたんですけど、仲良しグループのなかで「あの子、彼氏のことばっか書きすぎてウザイ」って噂をたてられてて、それで「あぁ、自分はよくてもウザイと思われないように、もっと空気読まないとな」って思いました。

早稲田大・2年・男　僕が意識し始めたのは、ＫＹっていう言葉ができてから。

原田　ＫＹがユーキャン新語・流行語大賞にノミネートされたのは２００７年。

早稲田大・2年・男　中学ぐらいのときから、周りから「お前ＫＹ」って言われることによって、あっ、俺、駄目なんだなって。

原田　中学生くらいのときに、結構皆でＫＹって言い合ったりしてたんだ？　なんだか、想像すると恐い光景だね。中学生が、「お前、空気読めよ！」って友達に言ってるんでしょう？

早稲田大・2年・男　言ったり、言い合ったり。それまでは、別に空気を読むとか、特別意識してはなかったかな。

バブル世代編集者　みんなＫＹって言われないように、目立つことを極力しないようにしているんですかね。

原田　かつての若者像として、とにかく目立ちたい、というのが確かにありましたね。さとり世代は、そもそも目立ちたくない人もかなり増えてきているし、目立つにしても、もっとしれっとなんとなく目立ちたい、みたいな欲が増えてきているように思います。

早稲田大・4年・男　僕は目立ちたいんですが、ちっちゃいコミュニティで目立ちたいです。

バブル世代編集者　テレビに出たりとか、そういう派手な目立ち方は嫌なの？

原田　今じゃ議員になりましたが、『天才・たけしの元気が出るテレビ‼』（日本テレビ系）の「ダンス甲子園」に出始めの頃の山本太郎なんて、まさにかつての目立ちたい若者の象徴でしたよね。オイルを塗った体に際どい競泳パンツに、黄色の競泳帽姿にステッキ。奇妙なダンスを踊り、締めに「Ｑ！」と叫ぶ。１９７４年生まれの山本太郎を団塊ジュニアの象徴とまで言うつもりはありませんが、でも、団塊ジュニアが若い頃までは、まだ若者たちがわかりやすい形での目立ち方をしたいと思っていた一つの象徴のような気もします。最近でも、実際に演奏をしない〝エアーバンド〟のゴールデンボンバー（ボーカルの鬼龍院翔《キリュウインショウ》は1984年生まれで他のメンバーも一人を除いて1985年生まれ）とか、狼のマスクを被《かぶ》ったバンド、MAN WITH A MISSION（年齢不詳だが、恐らくさとり世代）など、さとり世代でも変わったパフォーマンスをするグループがありますが、いい人アピールをしたり、経費を節約しているアピールをしたり、ちょっと可愛らしい部分を強調したり、エネルギー全開で「俺を見ろ！」って世に出てきた山本太郎とはかなり違う気がします。もっと今のグループのほうが、軟らかいというか、慎《つつ》ましいというか、ネタ的というか、優しいというか。

早稲田大・4年・男　確かに派手に目立つのは嫌ですね。ちっちゃいところで王様でいられればいいかな。街場の王様。

原田　街場に王様はいないでしょ（笑）。君は、地元の松戸で王様なんだ。へー。

早稲田大・4年・男　僕が使う言葉が松戸で流行《はや》る。僕は大学ではイケてないキャラなんですが、大学で流行ったものをこっそり拾って、それを地元に持ち帰って流行らせる。

原田　なんか、ずるいというかちょっとダサい感じがするね（笑）。2005年に大ヒットした、日本テレビ系ドラマ『野ブタ。をプロデュース』の主題歌「青春アミーゴ」みたいだね。KAT-TUNの亀梨和也《かめなしかずや》と元NEWSの山下智久《ともひさ》が、修二《しゅうじ》と彰《あきら》として歌ってたやつ。地元じゃ負け知らず～ってやつ。地元じゃ負け知らずだったけど、憧《あこが》れた街に出てきたらやられちゃう、っていう歌だよね。松戸じゃ負け知らず〜、だね。

慶應大・3年・女　私は服が好きなんで、人と違う服を着て、そこだったら目立ってもいいかな。テレビに出たいとかそういうことはないけど、好きなことに関してはちょっとだけ。

原田　君のいるSFC（慶應義塾大学湘南藤沢《しょうなんふじさわ》キャンパス）は、今でも昔ながらの目立ちたがり屋が、結構残存しているんじゃない？

慶應大・3年・女　いやいや、最近はそうでもないですよ。目立つと、その分いろいろ返ってくるんで。KYって言われたり。そういうのに耐えられるほどのメンタルもないんで。メンタル折れるんで。

慶應大・2年・女　私は中学の時に、スカートが短かったり、茶髪にしていたので、先輩から目を付けられていました。ある日、「前略プロフ」のゲストブック（閲覧者が初来訪の挨《あい》拶《さつ》の言葉を一方的に書き込んでいく形式の電子掲示板）に「調子乗んな」とか名指し攻撃を受けて、凄《すご》い荒らされました。それ以来ネットが本当に恐くなって、目立たないように過ごすようになりました。

獨協《どっきょう》大・2年・男　やっぱり目立つと、メリットもあるんですけど、デメリットもあって、叩《たた》かれたりすることも多々あると思うんで、デメリットがあるぐらいならなんか……。

原田　目立たず細々と生きていたい（笑）。

獨協大・2年・男　ていう感じですね。何ていうか、デメリットが生じるくらいのメリットだったらいらないよ、みたいな感じ。

バブル世代編集者　わかりやすいですね。

原田　この話をまとめると、若者特有の「目立ちたい」という願望そのものが減っているわけじゃない人もいる。でも、ストレートに目立つと、「ソーシャルメディア村社会」では、出る杭になってしまう。だから、目立たないようにする、あるいは、目立つにしても、小さいコミュニティ内だけでだったり、やんわりした目立ち方だったりする。最近では、自慢するにしても、「間接自慢」が若者の間で増えているように感じます。例えば、稼いでる若手サラリーマンが、「俺、稼いでる」と直接的に自慢をすることはなくなったけど、フェイスブックで「今日も月が綺《き》麗《れい》だ〜」と、自宅の高級マンションから見える月の写真を載せたりする。一見、ただ月を撮っているだけのように見えるんだけど、よく見ると、ちょっとだけ自室も写っていて、それが高層の高級マンションだということがわかり、見る人が見れば、こいつは凄く稼いでいるんだな、って伝わる。まあ、僕からすると、かえってやらしい、むしろ直接的じゃないか、って思っちゃうんだけど（笑）、皆の中ではこの間接自慢がルールになっているんだよね。

コンビニ店員がアイスケースに入った自分をツイッターに載せる理由

バブル世代編集者　さとり世代を語る上で欠かせない、ソーシャルメディアのことを聞きたいのですが。

原田　今はLINE（ライン）に圧倒的に移行してきていますね。そもそも若者全体で見ると、ツイッターやフェイスブックをやってない人も案外多いし、最近では、ただ見るだけにしてる、っていう人も増えてきている。ラインは、過去のソーシャルメディアと比べモノにならないくらい普及しているので、初めて若者のコミュニケーションインフラができた、と言っても過言じゃないと思います。ラインって、他のソーシャルメディアとどう違うんだろう？

早稲田大・4年・男　ツイッターのフォロワーが増え過ぎて、何でもかんでもつぶやけなくなった。だから、ツイッターでつぶやくまでもないようなことを、仲のいい20人とかのラインのグループに気軽につぶやくようになりました。

慶應大・4年・男　ツイッターはオープンの場というか、あんまり親しくないやつも見ているから。

原田　フェイスブックは実名だから、さとり世代にとって、そもそも何でもかんでも書き込める場ではない。ツイッターはたくさんつぶやけてたんだけど、普及するにつれて段々フォロワーが増え過ぎてしまったので、やっぱり何でもかんでもつぶやける場じゃなくなってしまった。変なこと書くと、場合によっては、「2ちゃんねる」にさらされてしまうしね。でもさ、最近、コンビニ店員がアイスケースに入った写真を自分でツイッターにあげたりする事件が全国で多発しているじゃない。さとり世代は全体的に空気を読むようになってきている。でも、こういうことをやる一部の人たちはどんなタイプなの？

早稲田大・3年・男　人ができないことをやって、すごいだろうと周りに自慢したいクラシカルなイタイタイプだと思います。そういうやつらが、ソーシャルメディアを手にしただけ。武勇伝が時代によって変わっただけかと。

慶應大・2年・男　本当はやってはいけないことだとわかってるんだけど、ツイッターに載せることで、度胸比べな感じでやってるんじゃないでしょうか。チキンレースみたいな。

原田　確かに昔にソーシャルメディアがあったら、もっとすごい画像をアップする人がいてもおかしくなかったかもね。明らかにさとり世代の若者のほうがおとなしくなっているもんね。

慶應大・3年・女　ああいうことをやるのって、ＩＴリテラシーが低くて、周りに見られるということが想定できないのと、友達やコミュニティがあまり多くない層だと思います。

原田　ソーシャルメディアによって、さとり世代のネットワークは全体的に広がった。でも、一方で、人間関係が広がっていない層もいる。ソーシャルメディアによって、一度会っただけの人や知らない人ともつながれるようになった。一方、昔からの友達との関係も途切れなくなったので、あまり社交的でない層は、ソーシャルメディアによって、昔からの友達と昔以上に密に連絡を取り合うことができるようになり、関係が深くなった。本当は公のものであるソーシャルメディアを、身内との連絡手段にしか使っていないそうした層は、だからあいう非常識行為を、身内受けを狙って行い、ツイッターに載せちゃうんだね。ソーシャルメディアの時代なのに、人間関係が広がっていないさとり世代には、相当な問題がありそうだね。

さとり世代の必須アイテムはライン

原田　いずれにせよフェイスブックやツイッターを補完する形で、密室での集団会話機能を持ったラインが出てきた。でもさ、ラインにも、フェイスブックやツイッターのようなタイムライン（複数の人のつぶやきが時系列で表示される）の機能があるじゃない？　あれは使わないの？

早稲田大・４年・男　正直、ここにいる人はほとんど使ってない。携帯に慣れ始めたばかりの中高生か、それ以外は、ガテン系とかしか使ってない。

武蔵野《むさしの》美術大・4年・女　私の周りではヤンママ系しか使ってない。子供の写真をひたすらアップしたり、旦那《だんな》の愚痴を書いたりしてる。彼女は、フェイスブックは難しいイメージがあるみたいで使ってない。

慶應大・4年・男　言い方悪いんですけど、パソコンが使えなかったり、比較的ITリテラシーの低い子が使っている印象。

原田　唯一使っているのが、今日、若者研に来てくれた桃山学院大学の女子一人だけだね。

桃山学院大・2年・女　私はけっこう使っています。地元の友達が多いからかもしれません。フェイスブックは登録はしているけど、使っていません。ラインのタイムラインがいいのは、知り合いだけにしか見られないから、写真とかプリクラとかをアップしやすい点。ツイッターもやっていますが、知らない人にも見られるので、景色の写真とかは載せますが、自分の写真は載せません。

原田　話をまとめると、さとり世代にとってラインは必須アイテム。でも、使っているのは、「一対一のチャット機能」か、「グループのチャット」の機能が多い。フェイスブックやツイッターのように、タイムラインにつぶやく子も多いが、層がいわゆる「情弱（情報弱者）」「ガテン系」「ヤンママ」などに限定されている傾向がある。或《ある》いは、さとり世代より若い世代に限定されている、と。「情弱」のさとり世代にインタビューをしていると、フェイスブックやツイッターはなんだか難しそうだけど、ラインだったら自分でもやれそうに感じる、って子が本当に多いもんね。ちなみに、皆がラインをやり始めたのはいつぐらいから？

清泉女子大・3年・女　２０１２年の頭ぐらいからですかね。

慶應大・2年・男　２０１２年の夏ぐらい。

早稲田大・2年・男　２０１２年の11月。

原田　皆の中でマジョリティになったのは、２０１２年ぐらいからですかね。じゃあ、さとり世代は、ソーシャルメディアによって、人間関係数やコミュニティが増えていると言われていますが、皆は、所属コミュニティを表すラインのグループ（メールで言うところのメーリングリストのような機能）は、何個ぐらいありますか？

慶應大・2年・男　10。

清泉女子大・3年・女　36。

中央大・3年・女　8。

慶應大・2年・女　20。

早稲田大・2年・男　16。

原田　多くて36個、少なくて8個とか、そんな感じかな。僕の大学時代で言えば、所属コミュニティは、テニスサークル、ゼミ、バイト先、日米学生会議という学外団体の合計4個でした。これでも当時は少し多いほうだった気がしますね。少なくとも36個のコミュニティを持ってる人は、当時の大学生ではいなかったんじゃないかな。

早稲田大・2年・男　自分のラインに入っているグループの数が、その人のリア充（リアル＝現実の生活が充実している）度を表すらしいです。

原田　要は、グループ数が多い人のほうが、薄い人間関係をたくさん持っていて、エンジョイしてる感を周りに出しやすい、と（笑）。36個のグループを持っている人は、超薄いと言われているわけだけど、反論はないの？

清泉女子大・3年・女　ずっと長く続いていくグループと、明日、飲みに行くのに皆で連絡を取り合うためだけのグループとがあり、そのとき使って今はもう使っていないグループも残っていたりするので。そこそこずっと続いている友達グループみたいなのは10個ぐらい。

慶應大・2年・男　いつメン（いつものメンバー）のグループもあるんですけど、例えば旅行とか行くときのメンバーだけでつくるグループとかあって、それ以来使ってないんだけど、そのまま消さずに残ってたりする。自分、40くらいグループがあるんですけど、実際常に動いているのは、半分以下。

中央大・4年・女　私も学校のサークルみたいなのと、学外のサークルみたいなのと、バンドメンバーのと、めちゃめちゃ仲のいい友達と、就職先の内定者のグループのがあったりと

さとり世代30人に聞いたSNS事情

Q
最も使用頻度の高いSNSは何ですか？

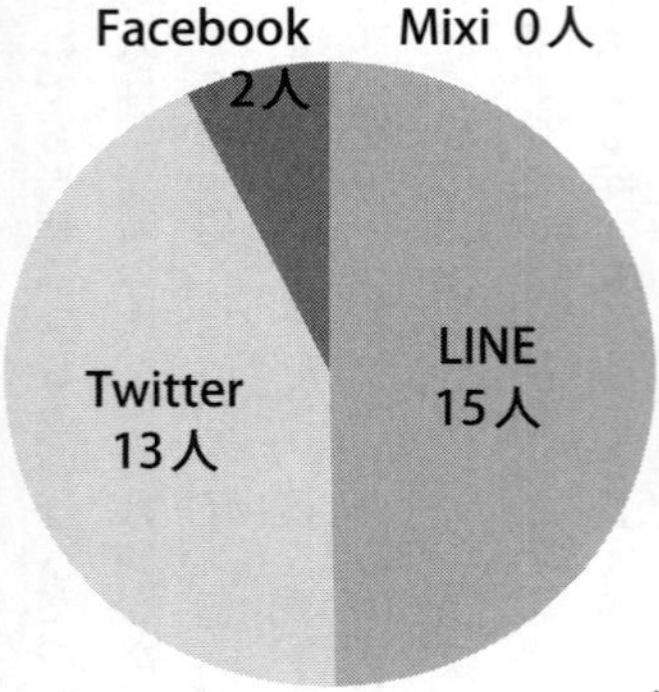

Q
1日のLINEの使用時間は？

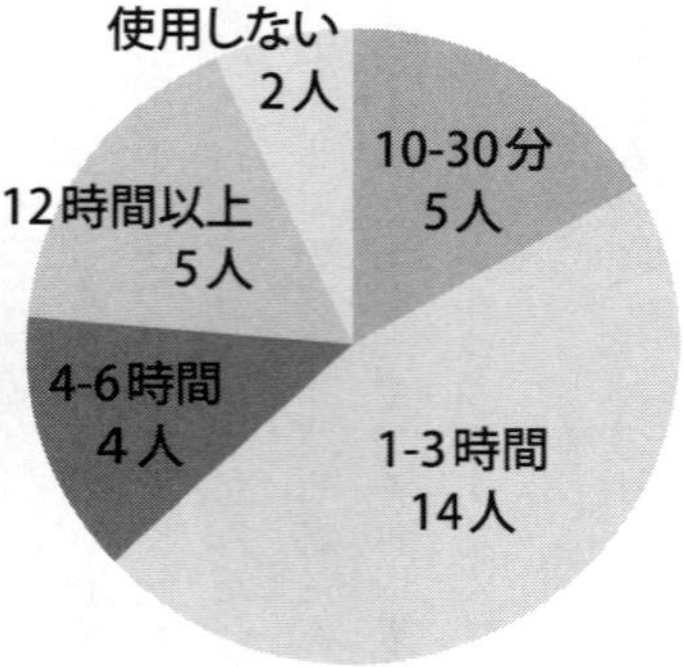

LINE
グループ数
平均21

Twitter
フォロー数
平均375
フォロワー数
平均349

Facebook
友達数
平均486

か、あとはバイト仲間です。

慶應大・2年・女　私は家族のグループもあります。まだパパは入ってないですけど。お姉ちゃんとお母さんと、私の3人。

原田　そうか、親子でもラインをするんだね。でもさ、パパも入れてあげなさいよ（笑）。この世知辛い世の中、頑張ってお仕事してるんだもん。きっと娘のこと、大好きだろうし。大変不幸なことに、君らの父親くらいの年齢の、男性五十代の自殺者が多いのだけど、会社でも管理職のポストが減らされているし、家でも家族のラインからハブられてたら、そりゃ、立つ瀬ないよ。お母さんとお姉ちゃんとは、ラインのグループで何の議論をしているの？

慶應大・2年・女　ただのおしゃべりです。しょうもないことでライン飛んできますね。今すべって転んでズボン下がっちゃったとか。

早稲田大・2年・男　僕は小学校時代に転校したんですけど、一人だけ仲良かった転校前の友達がその頃のメンバーがいるグループに招待してくれて。小学校時代の仲間とつながって。正直、よく覚えてないんですけど、でも、なんか懐かしいなって思って。

原田　ラインのお陰で過去の友達と再会でき、同窓会グループができた、と。

慶應大・2年・男　なんか自分、ラインのグループ数、今数えたら64個あったんですけど。

原田　じゃ、皆の中で最多だ。

慶應大・2年・男　多分そのうちの40個ぐらいは、高校時代に仲良かった20人ぐらいだけで構成されているグループ。20人くらいのうちの3人が入ってるグループもあったり、10人くらいが入ってるグループがあったり。

原田　凄いね。20人で40個のグループがあるんだ。まあ、それくらい君たちさとり世代は、この人たちとはこの会話、この人がいる場ではこのキャラはやめようとか、人間関係にものすごく気を遣って生きているんだね。じゃあ、僕みたいに、若者研の全体のライングループでめっちゃ発言するなんて、ＫＹ過ぎて君らからすると意味不明なんだね。

早稲田大・2年・男　原田さんはＫＹ過ぎて、逆にこっちも気を遣わなくていいんで楽です。

原田　ポジティブに受け止めることにしようかしら。何か、引っかかるけど……。

慶應大・2年・女　私は即席でたまたま作ったグループをずっと残しておくんです。またいつか、このメンバーで集まるかもしれないし。でも、たまに見ると、そのグループから誰かが抜けていることがあるんですよ。

原田　その人は、自分から退会したんだ？

慶應大・2年・女　そのグループを、いらないって思ったのかなと。ちょっと淋《さび》しいです。グループの中でも、これは自分には必要ないグループ、というふうに分けるみたいな、取捨選択というのは、けっこうされているのかなと思って。

原田　でも、たまたま一日集まっただけのグループだったら、抜けられても良くない？　さとり世代は、人間関係に敏感だよね。他の皆もある？　自分でグループから脱退しちゃったとか。

早稲田大・2年・男　あります。グループをいっぱい見るの、面倒臭いじゃないですか。見やすくするために消したりとか。

慶應大・2年・女　私もあります。高校の同窓会やろうって、あるグループに招待されたのですけれど、そんなに行きたくもなかったので。

原田　確かに、誘ったほうは、脱退されたらちょっとショックかもね。要は、お前たちとは付き合いたくない、って宣告されているのと同じだもんね。

早稲田大・2年・男　自分からグループを脱退するだけじゃなくて、誰かを脱退させることもあります。サークルで、グループを作ってライン上で話し合いをしようってときに、1年生にはあまり見られたくない内容だったので、1年生を退会させたりとか。

原田　これまでのソーシャルメディアと違って、特にラインのグループ機能は、完全密室の世界だから、より「ソーシャルメディア村社会」になっているよね。人間関係のいざこざも、これまでのソーシャルメディアより、もっと多くなっていきそう。本当に大変だね、皆。

ラインに追い回されて本当は面倒臭い

原田　ラインがこの1年ぐらいで急速に広まって、みんなの生活にどんな変化が起こった？

慶應大・2年・女　メールを使わなくなった。やり取りが全部ラインになりました。

原田　確かに。最近、君らにメール送ると、「メールを見てませんでした」って1週間後に返ってくることが多いね。僕のことがウザくて、メールが来ているのを知っているのに、そう返答している場合もあるのかもしれないけど（笑）。

早稲田大・2年・男　原田さんはスーパーしつこいから（笑）。意味なくめいちゃん（原田の1歳の娘）の写真もたくさん送ってくるし（笑）。めいちゃんは可愛いからいいけど。

慶應大・2年・女　返信を早くするようになりました。「既読」機能で、相手に読んでいることがわかっちゃうので。

原田　ケータイが出てきた時に、当時の女子高生、今では二十代後半〜三十代前半くらいになっている人が「メールの返信は即レス（すぐに返信する）」なんて言ってたけど、ラインの「即レスプレッシャー」に比べると、大したことなかったよね。ラインの登場で、人間関係が面倒臭くなった、って言う人は手を挙げてみて？　おお、すごい多いね、ほぼ全員だね。

桃山学院大・2年・女　メールだと多少返信が遅れても言い訳とかができますけど、ラインの既読はついてしまったら言い訳ができないので面倒臭いですね。既読にしてあとで返事をしようと思っても、返事をする前にツイッターでつぶやいたりすると、「ツイッターするんやったらライン返せよ」ってまたラインが来たりする。既読にしたらすぐに返さなければならないプレッシャーはありますね。

中央大・3年・女　ライン上の会話を非表示にすると、相手に既読表示がされなくて、読みたいときに読めばいいし、一応メンバーにも入っているから疎外感もなくて、無難かなと。

原田　既読機能があるせいで、逆にリアルタイムでラインを見ないようにしてる、って人もいるわけだ。

中央大・3年・女　家に帰ってパッと開いてまとめて見る。

原田　僕もそうしようかな。君らとラインをやり始めてから、得意先との会議中も、重要なプレゼン中も、ずっとケータイがブルブル鳴って困ってるのよ（笑）。でも、家帰ってまとめて見るんだったら、ケータイメールどころか、パソコンメールしかなかった時代に逆戻りしちゃってる、ってことじゃない？　常時接続じゃなくなっちゃってる。

中央大・3年・女　でも、全部そうしています。急を要するやり取りがない場合は。

原田　まあ、それだけ暇つぶしでしかラインのやり取りがされていない、ってことが言えるかもしれないね。でもさ、ライン大好き女子大生としては、相手のそういう対応に腹立ったりしない？

白百合女子大・4年・女　本当に腹立ちますね。既読になるとヤバイと、みんな見ないじゃないですか。そうすると、本当に見て欲しいラインも全然見られなかったりするんで。それで結局、電話とかめっちゃかけることになるので。

原田　（爆笑）。そうか、パソコンメールも読んでくれないから、結局、電話をかける、という原始的な通信手段に戻ってきてるんだ（笑）。どんどん原始化されていって、そのうち飛脚サービスが生まれるかもしれないね（笑）。他になにかありますか、ラインについて。

慶應大・2年・女　普段から仲がいい友達が、自分抜きで別のライングループを作っているのを知って悲しくなったりとか、嫌な気分になったり。

原田　ラインの普及で、人間関係が面倒臭いって思う一方で、淋しく感じる機会も増えちゃったんだ。

慶應大・2年・男　例えば10人で構成されているグループがあるとするじゃないですか。その中で、いまいち微妙なメンツがいると、そいつらを外しちゃって、別に新しいグループを、その10人の中の5人とかで、作っちゃったりすることもある。

専修大・3年・男　あと、メールとかと違って、チャットなので、打つ速度が速くなきゃいけない。どんどん皆の話が進んでいっちゃうので、自分がここでなにかを言いたいなと思って打ち始めたら、次の話題が始まっちゃったりとか。

原田　ラインは、速度が普通の会話に近くなったから、打つテンポが求められるようになったんだ。でも、それはどうなの、楽しいの、つらいの？

専修大・3年・男　つらいです。

中央大・3年・女　あと、周りでもけっこういるんですけど、好きな人とかに、わざとラインゲームの招待を送ったりして、そこから話をつなげるとか。

原田　肉食女子のナンパツールに、ラインゲームの招待が使われるんだ（笑）。え、でも、僕にも君ら女子からよくゲームの招待が来るけど？

慶應大・2年・男　それはゲームのポイント稼ぎ（笑）。人を招待すると、ポイントが貰《もら》えるので。

原田　……（苦笑）。

中央大・3年・女　異性じゃなくても、同性にも、話のきっかけ作りにそれやります。

原田　まあ、人と仲良くなるきっかけが増えた、という点では良いことだね。

中央大・2年・女　あと、どうでもいいことを会話するのが、すごく増えたなと思って。なんでもないときに、ただスタンプ（メッセージに挿入できるイラスト）を送るとか。なんか返信しにくいときとかも、表情のスタンプとか適当にポンと送ったりとか。

中央大・3年・女　返信しにくいときにスタンプ1個送って誤魔化せるようになったのは、

すごく楽になったんですけど。いかんせん、本当に無駄な、なんでもないような会話ばっかりで。だからよけい、スマートフォンを覗《のぞ》いてる時間はメールのときより増えて……。

原田　データを見ても、ガラケーからスマホに替わって、若者のケータイ接触時間は延びている。ラインの登場でさらに延びてるかもね。過去のケータイ世代よりも、よりケータイ依存が強まっているのが、さとり世代の特徴かもしれないね。じゃあ、ラインができて、人生がハッピーになったか、マイナスになったか、二択で言うとどっちかな？　ハッピーになったと思う人？……あ、けっこういるんだね。じゃあ、不幸になったという人？……半々ぐらい？　ちょっと不幸の方が少ないかな。さとり世代にとって、ラインは切っても切れない関係ではあるけど、非常に複雑な気持ちを抱えながら付き合ってるんだね。

早稲田大・2年・男　僕はマイナスよりもプラスの方が大きいと思う。しかもみんなの満足度が高いと思う。ラインで連絡を取り合うというのは、友達との関係を築きたいとか、保っていたいとか、友達との満足が自分の満足になる。高い車を買うと、一人だけの満足じゃないですか。満足が友達との共有とかっていうところに置かれているのが、さとり世代の特徴。

原田　車よりラインと。車で友達と出かけるのも皆の満足になると思うけどね。でも、それくらい都市部の若者には、車が遠い存在になってしまっているんだね。

慶應大・2年・女　私の場合は、ちょっとマイナスが多いのかと。フェイスブックにしてもツイッターにしても、人の一日をずーっと見てしまう自分に疑問を感じる。そんなの寝る前にチラチラッと見るだけでいいじゃんと思いながらも、ちょっと暇があると見ちゃったりする。この時間、本を読んでおけばよかったなと思ったりとか。ラインも、まだ返信来ていないのにいちいちチェックして、やっぱりすごく無駄だなって思うんですよね。

早稲田大・4年・男　僕もプラスが大きいかなって思うんですけど。例えば授業中とかでも、昔は興味ない授業だと、寝るとか、妄想するとか、本当にグダグダするぐらいしかなかったかなと思うんですよ。でも、今はそんな時間に、スタンプを送ったりして、会話ができたり。

原田　授業中にラインのスタンプを送り合うことが進化だとは思わないけどね。寝てるほうが、むしろ体力が養えていいかも（笑）。だって、スタンプ送ってるだけでしょう？

早稲田大・4年・男　人との会話の中で、何か生まれるかもしれないじゃないですか。単純に隙間の時間をダラダラ過ごすよりかは、ちょっと別な方向に持っていける可能性がある。

原田　でも、これまでのみんなの話だと、隙間を埋める程度のちょっとした会話だったはずなのに、返信しなきゃいけないとか、逆に義務感が出てきちゃっているんだよね。

情報過多で思い込めない

原田　スマホが普及して、ケータイ接触時間が延びた。特に「ソーシャルメディア」と「検索行為」と「動画視聴」が延びたと言われています。検索行為と動画視聴に関しては、ガラケーよりも画面が見やすくなったからなんでしょうね。

博報堂・若者研・長尾　これまで主にラインの話をしてきましたが、じゃあ、検索とかできなくなったら、みんなはどうなる？

白百合女子大・4年・女　死ぬ（笑）。

中央大・3年・女　卒論が書けなくなる。

原田　こら！　完全にコピペで卒論仕上げようとしてるじゃない（笑）。まさかケータイの検索で卒論を書こうとする子がいるとは（笑）。でも、さとり世代の知識は、浅いものかもしれないけど、平均的にはかつての若者よりも増えているだろうね。知らないことがあると、すぐにその場でウィキペディアなんかで調べられるもんね。とは言え、すぐに浅い情報が入ってきてしまうから、それでそこそこ満足しちゃって、それ以上知りたいとは思わなくなってしまっている。知ってみたい、やってみたい、行ってみたいという渇望感や、それを得たいがために生まれる妄想が少なくなっているかもしれないね。例えば、好きな人ができても、その人のソーシャルメディアを隈《くま》なく見たら、その人の性格が大体わかった気になってしまうし、すごく毒づいてるつぶやきを見たら冷めてしまったり。

バブル世代編集者　人生、やってみないとわからないことも、いっぱいあるじゃないですか。

新しいことをやると、怖いこととか、どうなっちゃうのだろうってことがあるけど、やっていくうちに、そうだったのかってわかることがある。仕事でも、恋愛でも、結婚でも、そのたびに頭をガーンってやられて。だけど、それに出会ってよかったとか、わかってよかったとか、まだめくったことのないページみたいなのが、山ほどあると思うよ。

慶應大・2年・女　上の世代の方のプロフィールみたいなものを読むと、高校のときにこの本を読んで感銘を受けて、教師を目指したみたいなものがよくあって。ものすごい一直線でボーンっていくじゃないですか。うらやましいなと思うのですけれど、私だったら、そんなことで人生決められないよって思っちゃうんですね。

原田　一冊の本で人生を決めちゃうなんて、浅はかだと（笑）？　情報が少なかったからこそ、一冊の本に絞り込めたんじゃないか、ってことだね。

慶應大・2年・女　少ない情報が、ものすごく貴重だった世代なのだろうなと思っちゃうんですね、私は。ごめんなさい（笑）。

原田　さとり世代は、情報は増え、思い込み力は減っている、と。

慶應大・2年・女　すごく自分のパワーが散漫している感覚が私にはあります。思い込めない分、上の世代に比べるとパワーは減っているんじゃないかと。

ネットいじめで育った世代

原田　みんながケータイを持ち始めたのはいつ？　一応、全国平均では、大体中学3年生くらいだけど。小学校高学年くらいからって人？　多いな。じゃあ、小学校低学年は？　やっぱり低学年は少数なんだね。中学生から、高校生からもけっこういるね。まあ、家庭によってまちまちなんだろうけど、中学生が一番多い感じですかね。小学生で持った人も多いのは、みんなは東京出身が多いから、全国平均よりかは少し早目に持ち始めたんだろうね。東京だと塾通いの子供が心配で親が早くから持たせることが多い。

専修大・3年・男　僕はまだケータイを持っていない頃から、パソコンで友達とメールしていました。

原田　なるほど。パソコンは家族共用でもっと小さい頃から家にあるから、ケータイを持つより前からメールはできたんだ。親に完全に監視されてるわけだ。

専修大・3年・男　本当に見てたかどうかわからないですけど。

原田　見てるでしょ（笑）。

バブル世代編集者　ケータイによるいじめとかってあったんですかね。

原田　「学校裏サイト」とか話題になったのはさとり世代が中高生のときだね。

早稲田大・4年・男　高校のときに、「前略プロフ」のゲストブックが荒らされた。こいつチャライとか、気持ち悪い、とか書かれて。

さとり世代一同　わかる〜。

早稲田大・3年・女　中学生ぐらいの時に、携帯用のホームページを自分で簡単に作れるサイトみたいなのがあって。「チップ!!」とか「ペップス!」とか「クルーズブログ」とか「モバイルスペース」とかが流行っていました。仲のいいグループでホームページを作って、みんなそれぞれそこに日記を書いてました。日記には鍵《かぎ》が付けられていて、パスワードを教えた人にしか見れない。クラスメートでもパスワードを教える人と教えない人に分けて、日記中にはパスワードを教えてない人の悪口を書いたりしました。でもパスワードを教えていない子にもいつの間にかパスワードを広められたりもして。

原田　こっそり毒づいていたのが、オープンになっちゃったわけね。中学の頃から疑心暗鬼の中、過ごしてきたんだね。

早稲田大・4年・男　自分の「前略プロフ」を2ちゃんねるに貼られて罵倒《ばとう》されるって事件は本当によくありました。僕も電話番号を2ちゃんねるに貼られて、毎日知らない人から電話がかかってきて大変でした。

専修大・3年・男　僕らは高校のときにミクシィを使ってる人が多かったんですが、ミクシィで、ある個人のコミュニティを作り、そこでそいつの悪口を言い合う、ってことをやっていました。そいつは、そのコミュニティの存在は知っていたようですが、そのコミュニティには入れなかったので、きっと気が気じゃなかったんじゃないかと思います。

大正大・3年・女　中学1年生のとき、周りがケータイを持ち始めて、「前略プロフ」が流行りました。ある女子も始めたんですが、誰かがその子のパスワードを知って、そのパスワードでその子のプロフに入って、あたかもその子が書いてるように、「あの男の子と遊んだ」とか尻軽《しりがる》女みたいなことを書きまくって、その子はみんなから「あいつイタイ」みたいに見られるようになってしまいました。パスワードも勝手に変えられてしまったので、その子はその書き込みを削除することができず、ノイローゼになって学校に来なくなっちゃいました。

ICU・2年・女　中学校のときに、2ちゃんねるに私の学校のスレッドが立って、目立った子がそこで叩かれていました。その子が、警察に削除を頼んだことがきっかけになって、先生が生徒全員の「前略プロフ」をチェックするようになりました。

イタイやつと思われたくない

原田　他にネットやスマホがさとり世代に与えた影響はあるかしら？

慶應大・2年・女　どこでもインターネットでつながるとか、いつでもスマホですぐに情報を得られるとか、世の中で無駄を省くための文明の利器がすごく作られてきていて、その中で暮らしてきた自分たちは、合理的に物事を判断して、メリットなのかデメリットなのかを瞬時に考えたり、本当にそういう価値基準でしか見ていない。無駄が別にあってもいいじゃないか、回り道してもいいじゃないかという考えに対して、とにかくゴールに最短距離で近づきたいとか、そういう気持ちが強いのかな。

早稲田大・3年・男　無駄を省くというより自分が欲しいと思った情報だけ検索して、他は見ないみたいな状況だと思う。

原田　無駄には「必要な無駄」と、「無駄の無駄」がある。ある程度無駄なことをしてみないと、必要な無駄と出会えない。例えば、意味なく本屋をブラッと歩いているうちに、こんな素敵な本があるんだって発見するとか。ネットサーフィンだと、必要な無駄とは絶対に出会えない。さとり世代は、無駄自体を避けるから、無駄の無駄は削れるかもしれないけど、一方で必要な無駄も失っているのではないかと思うけど、どうかな？

博報堂・若者研・遠藤　皆の行動には全部理由があるのだなと思って。理由はないのだけれど、なんか行っちゃったわとか、やっちゃったわとか。皆の本能はどこに行ったの？

原田　ムラムラするとか、ただ車に乗りたいとか、さとり世代は本能を失っちゃったんじゃないか説についてはどう？

早稲田大・4年・男　本能はあるけど出せないのでは？　例えば可愛い子がいて、付き合いたいとかデートしたいみたいなのを、昔は言えていたかもしれないですけれど。今言っちゃうと、イタイやつと周りに思われちゃう。

早稲田大・3年・男　電車の中で女の子見て、かわいーって思うけど、声掛けたりしない。単純に声掛けるのが恥ずかしい、怖い。男が弱くなってる、ビビりなだけ。

原田　本能とか、欲望の量自体は昔とあまり変わっていないけど、ソーシャルメディアによって、さとり世代の人間関係数やコミュニティ数が増え過ぎてしまった。そうした中、自我や自分の欲望を前面に出し過ぎると、イタイと思われてしまう、だから本能が出せない、と。

博報堂・若者研・遠藤　でも、遣唐使とか、死ぬかもしれないけれど学びたいって、中国へ行ったじゃないですか。尾崎豊《おざきゆたか》世代だって、夜中にいきなり盗んだバイクで走り出してたわけよ。

中央大・3年・女　盗んだバイクで走り出したい欲望っていうのが、何を求めての欲望なのか、さとり世代にはよくわからないです。

一橋大・2年・男　じゃあ、本能がなくなったんじゃないですか。例えば『スクールウォーズ』とか、今の時代では全然ウケないと思うんですよ。尾崎豊的な衝動を潜在意識で抱えている人もたぶんいないと思います。

博報堂・若者研・遠藤　何かを見て、すごい欲しいとか、すごいうらやましいって思う感情はあるけれど、昔の人は行動して、それを手に入れようとした。でもさとり世代は、自分の憧れているものを、どうせ手に入れられないみたいな気持ちになって、手に入れようともがいている人はイタイと判断して、結果的に自分を守っている、みたいな？

白百合女子大・4年・女　本当は皆、ハワイに行ってブランド物を買い漁《あさ》りたいと心の底では思ってるんだけど……自分にはそういう財力もないし、親が買ってくれることもないから、そういう気持ちを「あの子、イタイよね」みたいな感じにして抑制しているのかなって。

「意識高い系」はイタイ

バブル世代編集者　なんで皆そんなに周りからイタイと思われるのが嫌なんですかね？　僕らバブル世代には、この「イタイ」って、よくわかんない感覚なんですよね。

早稲田大・3年・男　みんなが気持ちよく過ごしてたところに、突然調和を乱した瞬間、皆から注目を浴びて、空気読めてない、みたいな感覚が「イタイ」ですね。

早稲田大・4年・男　例えば若者の政治への関心が低くなっている中で、ツイッターとかに自分の政治に関する意見をちょっとつぶやいたりすると、それをイタイって思う人は多い。「なんかあいつのツイート、イタクねえ？」って陰で言われて。

原田　他人に何のご迷惑もおかけしていないのに。若者に関心の低い政治じゃなくて、関心の高いＡＫＢのツイートだったら良いの？

早稲田大・３年・男　それもダメかも。なんていうか、積極的じゃないほうがイタイと思われないというか、むしろ駄目なやつのほうがイタイと思われない感覚がある。頑張っちゃっている感覚がイタイっていう。だから、僕は多分ツイッターだけ見るとすごい駄目なやつなんですけど、イタクはないと思うんですね。基本、「眠い」か「お腹すいた」しかつぶやいてないですから。

原田　最近、「意識高い系」って言葉が流行っているね。これも「イタイ」と似てるね。意識が高いことは本来、とても良いことのはずなんだけど、「系」って言葉をつけることで、頑張っている人をちょっと引きずりおろす的な。「意識高い系」の人って、だいたい「イタイ」って言われるもんね。

バブル世代編集者　なんで「意識高い系」の人をイタイって思うのかな？

早稲田大・４年・男　頑張っている人に対してのひがみもあると思う。

中央大・３年・女　意識高い系の人たちが、ツイッターとかフェイスブックで、自分が開催するイベントのＵＲＬを貼った記事をめちゃアップするんですよね。あれがすごい嫌いなんですよ。他の人にとってはどうでもいい情報を、そんなに載せなくていいじゃんって思います。なんか宣伝したいことを、フェイスブックを利用して広げているのがすごい嫌いです。

原田　ソーシャルメディアって、個人が近況とかやってることを掲載する場じゃない？

早稲田大・3年・男　私、これやってます、みたいなことを書かれると、受容せよ、って強制されているような気がして。あなたと比べて、私、こんなイベントしてすごいですよ、みたいな。

原田　自慢みたいな？

早稲田大・3年・男　そう。僕らさとり世代って、基本的に同調的で、皆で行きましょって感じなのに、私、あなたたちと違って、こんなイベントやってます、みたいなのはダメ。

白百合女子大・4年・女　なんか、人のイベントを手伝ってるとか、ただ人のイベントに乗っかってるだけみたいな人によけい腹が立つ。その人が主宰で、マジで魂込めているみたいなイベントだったらちょっと尊敬するかもしれない。

早稲田大・3年・男　学生団体の活動などをわざわざ広く口外することで自分のポジションを高めようとする人がいる。それは裏返せば自分に自信がなく「これだけ活動をしている」というのを示すことで自分を作り出そうとしているから。

原田　すごい怒りがこもってるね。（笑）こりゃ、意識を低くしないと、生きられないね。

好きなものを好きと言えない

バブル世代編集者　さとり世代の欲望自体が減ってきているという話が出てきましたが、皆は好きなことってないんでしょうか。ラインでつながることが楽しいっていうのはわかるのだけれど、一人でのめり込んで、これをやるためだったら、いろんなものを犠牲にしちゃってもいいかなって思えるような。ギャンブルでもいいし、何かを作ることでもいいし、映画を観るということでもいいのかもわからないけれど。

早稲田大・3年・男　僕、すごく本が好きなので。今、江戸《えど》川乱歩《がわらんぽ》全集を買ってずっと読んでいて。横溝正史《よこみぞせいし》も好きなので、全集も買ってひたすら読んでいるのですけど。でも、そのせいで、飲み会とかに行くのが億劫《おっくう》になって。早く家に帰って読みたいし、飲み会で陰獣について語っても、わかんないみたいな顔をされる。獄門島《ごくもんとう》がどうたらこうたらとか言っても、島は淡路《あわじ》島ぐらいしかわからないとしか返ってこないし。

原田　好きなこと自体はあるけど、それを人前で話せない環境になっている、と。

専修大・3年・男　僕、スキーをやっていて。大学に入ってから、はまっちゃったんですけど。スキーって、やったことある人は多いと思うんですけど、のめり込んでる人ってなかなかいない。

原田　さとり世代はスキー人口も減っているもんね。

専修大・3年・男　外足荷重と言っても、周りはたぶんわからないので。

博報堂・若者研・遠藤　みんなそれぞれ、やりたいこととか、好きなこととか、打ち込むことはあっても、得意の空気読み力で、他人と共感できないなと思ったら、友達に江戸川乱歩の良さを薦めまくって広めようとは思わないんだね。共感できそうなところは死ぬほどつながるのに、ここはしなくていいというところは閉じるんだなって。

早稲田大・3年・男　逆に昔って、周りに言い回っていたんですか、自分はこれが好きとかいうことを。

バブル世代編集者　昔というか、今も言い回ってるんだけど。嫌がられることはあまりないけど、俺は関係ないからと言われることはある。だけど、言っていくと、ちょっと読んでみようかなとか、ちょっと行ってみようかなとか、むしろ僕よりはまっちゃうやつが出てくる。数撃ちゃ当たるで、必ず出てくる。

早稲田大・3年・男　自分は好きなことがあっても、軌道修正されちゃう。自分の好きなことを言えないような雰囲気があって、言っちゃうと引かれるしみたいな。だから、当たり障りない話をして。ポロッと酔っぱらったときとかにそうした話をすると、それって違うよみたいな、現実的な話で周りに押し潰されて、突っ走っちゃいけないんじゃないかなみたいな気になる。

原田　自分の好きなことを話せない友達なんて、そんなの本当の友達じゃない、って上の世代は言うと思いますが、それについてはどう思う？

中央大・3年・女　周りで自分の趣味を好きになってくれる人を探さなくても、ネットで探せる。例えばある本の書評を書いたり、自分の好きな音楽が好きな人を探して思いが共有できるから。2ちゃんねるの掲示板とかもたくさんあるし。

早稲田大・2年・男　ミクシィが流行ったときは、ミクシィのコミュニティ機能を使ってよく、なんとか好きな人集まれ、みたいなことがたくさんありました。今はミクシィを使ってる人はあまりいませんけど。

専修大・3年・男　僕は広島の出身なのですけど、サンフレッチェ広島がすごく好きで。2012年にJリーグで優勝してから、試合のチケットがあまり取れなくなったので、ミクシィのコミュニティで、行けなくなったのでチケットを譲りますみたいな人を探してチケットを入手したりしてます。

早稲田大・3年・男　音楽が好きな人は、ツイッターで音楽アカウントを別に作っていますね。

桃山学院大・2年・女　ツイッターで自分の好きなアーティストをアイコンにしている人がいたら、もう気づいたらフォローしています。周りに共感できる人がほとんどいなくてさみしくて、でもツイッターではこんなに好きな人が大勢いるのかと思うと嬉《うれ》しくなっちゃうんです。

原田　音楽好きな人は、ツイッターのアカウントを二つ持っている。普段の友達に音楽のマニアックなことをつぶやきまくっちゃうと、イタイと思われちゃうから、もう一つのアカウントで音楽好きな子とつながって、そちらで音楽に関することをつぶやきまくる、と。ソーシャルメディア時代は、価値観の違う多くの人とつながってしまう分、「イタイ」という感覚が広がり、周りに好きなことを好きと言えない状況になってしまっている。でも、強烈に好きなものがある人に関しては、周りにはそれが言えなくても、同じ趣味を持った人をネット上で探し、そこで好きな話ができるようになった。

きっと、昔の鉄道オタクの鉄ちゃんも、周りの友達に鉄道の話はしにくく、同じ鉄道オタクの前では活《い》き活《い》きと話せるみたいな、似たような状況はあったと思う。でも、きっと今の方が、同じ趣味の人を全国から瞬時に見つけやすくなっているので、ひょっとすると、昔よりも疎外感を感じなくなってきているのかもしれないね。ただし、強烈に好きなものがある人に関しては、だけど。

第1章では、「さとり世代の誕生と特徴」についてさとり世代の若者たちと議論しました。今後、この本では、さとり世代の様々な特徴を説明していくわけですが、この章での一番の発見は、さとり世代の根幹を形作った二つの因子が見えてきた点にあります。

一つ目は、長引く不景気という因子。景気の良かった頃の若者たちが、見込み期待で行動できた、言わば「足し算発想」だったのに対し、不景気しか知らないさとり世代は、見込み損失を考え、行動できなくなっている、言わば「引き算発想」に陥っていることが分かりました。

「失われた20年」しか知らないさとり世代は、不景気により、「さとらざるをえなかった世代」とも言うことができるかもしれません。さとり世代からすると、見込み期待で行動し続けることができた上の世代の人間を、浮き足立ったおぼつかない存在に感じるようです。

もう一つの因子は、ソーシャルメディアの普及。幼い頃からケータイを持ち始め、ソーシャルメディアで人とつながったさとり世代。ソーシャルメディアによるいじめも体験し、人間関係の面倒臭さやしがらみとともに「ソーシャルメディア村社会」を生きてきました。

人間関係数やコミュニティ数が劇的に増えたので、「空気を読む」という特徴を持ち、空気が読めない人を「イタイ」と判断するようにもなっています。

特にここ1年で爆発的に普及しているラインが、この傾向に拍車をかけているらしいこともわかってきました。

さとり世代のLINEおもしろ会話集

「スタンプだけのやりとりです。右側は友達が暇だったのか、一人でスタンプ連打してストーリー作ってました。こういうのを見ると、やっぱりメールとかに比べて、連絡することへの敷居は確実に低くなってると感じる」

「なんの意味もないライン! こういう意味のないラインしてる女子が多い気がする!」

「私、サンフレンドっていうサークルに入ってるんですけど、ラインのグループがかなり細かく分かれてて、サンフレのものだけで６つもあります」

「皆で同時におんなじコメントを送り合って遊んだりしますね」

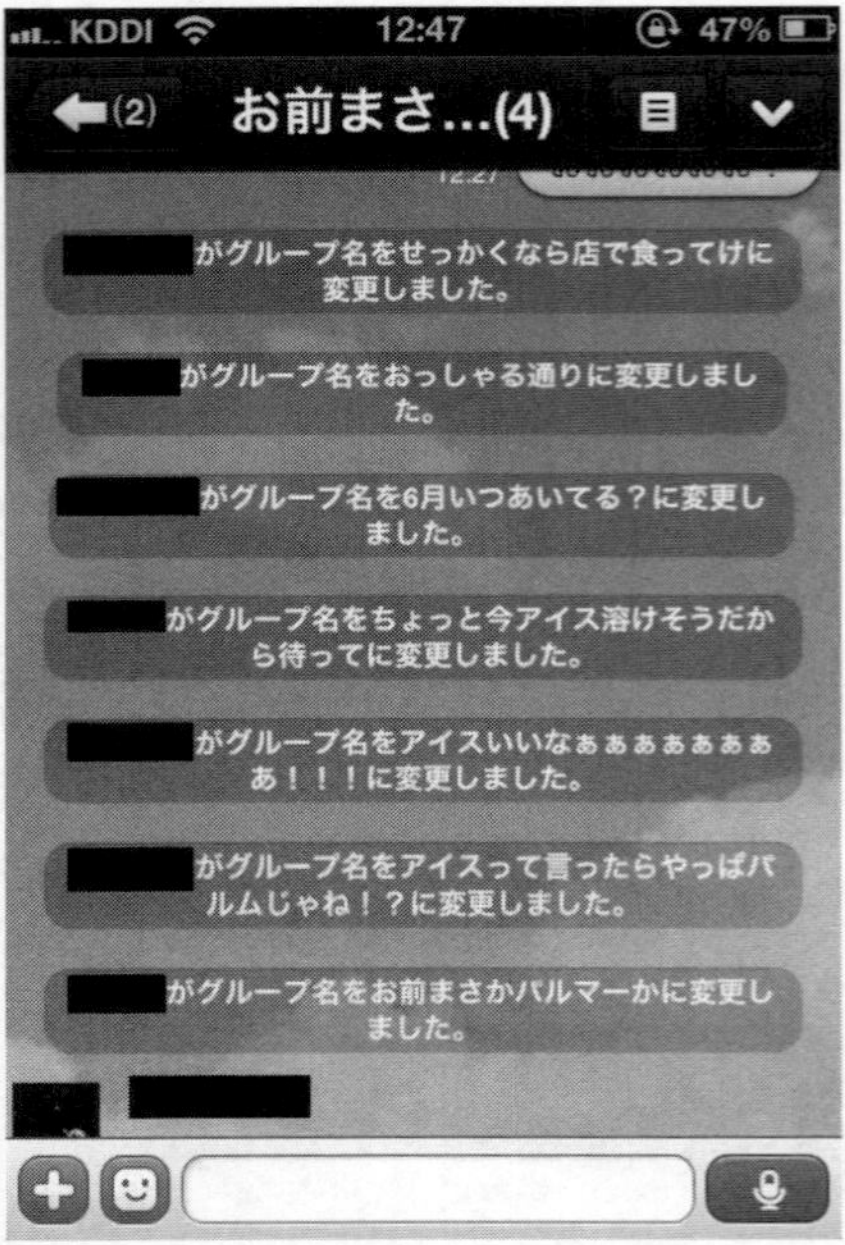
KDDI
12:47
47%
(2)
お前まさ...(4)

[redacted]がグループ名をせっかくなら店で食ってけに変更しました。

[redacted]がグループ名をおっしゃる通りに変更しました。

[redacted]がグループ名を6月いつあいてる？に変更しました。

[redacted]がグループ名をちょっと今アイス溶けそうだから待ってに変更しました。

[redacted]がグループ名をアイスいいなぁぁぁぁぁぁぁあ！！！に変更しました。

[redacted]がグループ名をアイスって言ったらやっぱパルムじゃね！？に変更しました。

[redacted]がグループ名をお前まさかパルマーかに変更しました。


「なぜかラインのグループ名の変更をしながら会話するという上級テクです（笑）」

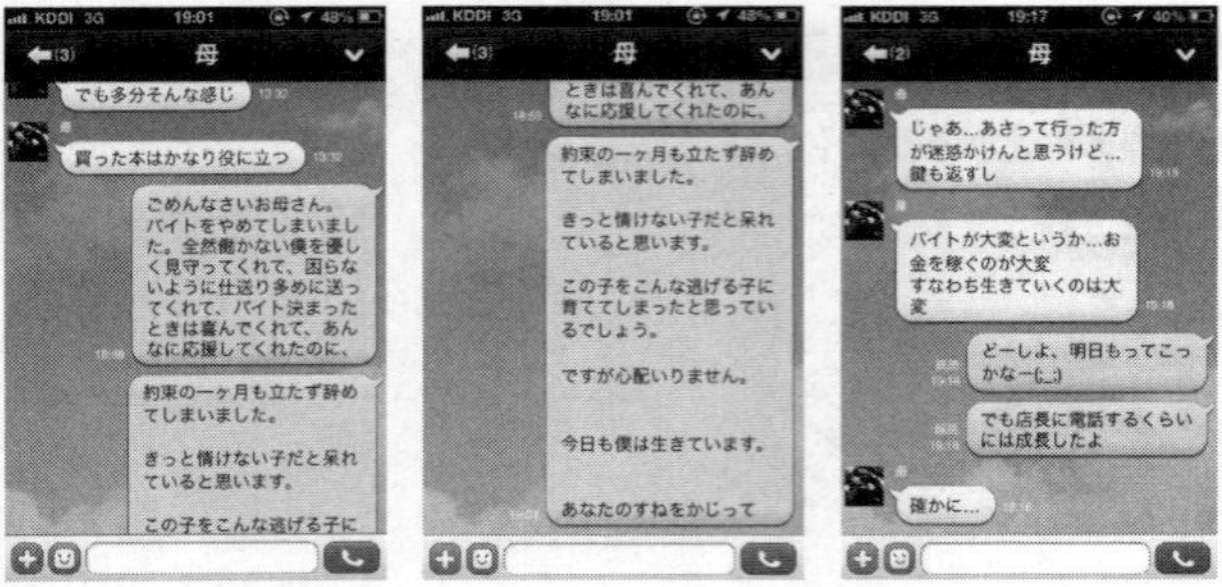
KDDI 3G
19:01
母
でも多分そんな感じ
買った本はかなり役に立つ
ごめんなさいお母さん。バイトをやめてしまいました。全然働かない僕を優しく見守ってくれて、困らないように仕送り多めに送ってくれて、バイト決まったときは喜んでくれて、あんなに応援してくれたのに、
約束の一ヶ月も立たず辞めてしまいました。
きっと情けない子だと呆れていると思います。
この子をこんな逃げる子に
KDDI 3G
19:01
母
ときは喜んでくれて、あんなに応援してくれたのに、
約束の一ヶ月も立たず辞めてしまいました。
きっと情けない子だと呆れていると思います。
この子をこんな逃げる子に育ててしまったと思っているでしょう。
ですが心配いりません。
今日も僕は生きています。
あなたのすねをかじって
KDDI 3G
19:17
40%
母
じゃあ...あさって行った方が迷惑かけんと思うけど...鍵も返すし
バイトが大変というか...お金を稼ぐのが大変
すなわち生きていくのは大変
どーしよ、明日もってこっかなー(;_;)
でも店長に電話するくらいには成長したよ
確かに...

「バイトが続かない友達とそのお母さんの会話。情けないけど悪びれてないさとり世代（笑）」

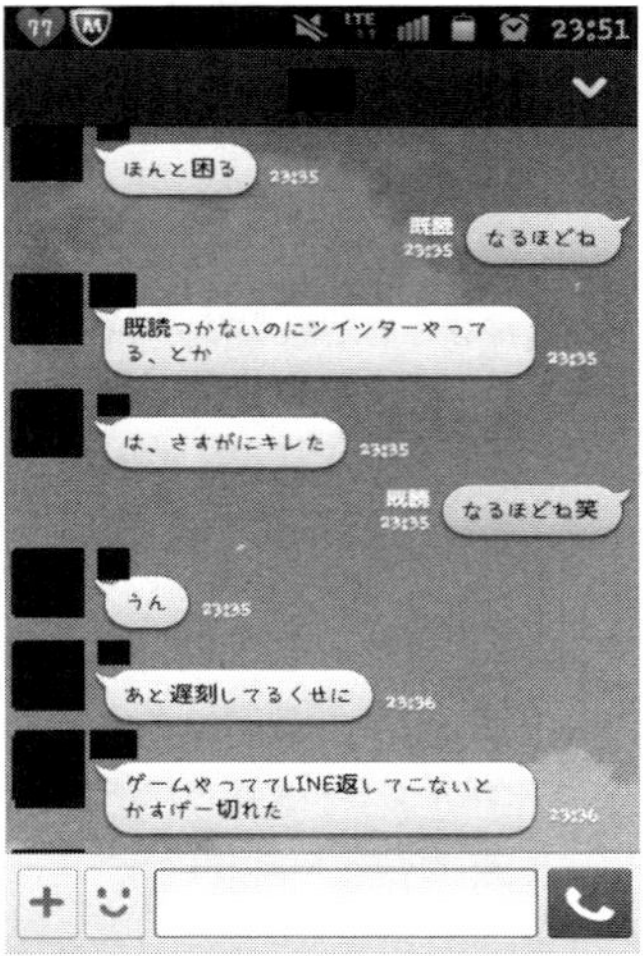

「友達のけんかのグチですが、もめた理由がSNSに縛られているさとり世代らしいと思います」

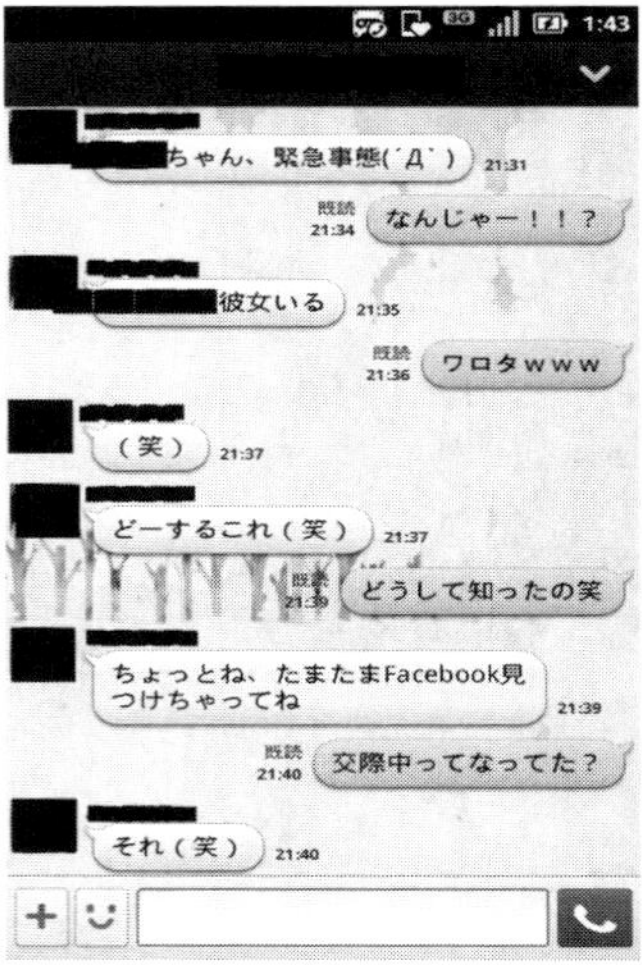

「体の関係だけあった男友達に、実は彼女がいたことが判明したときの友達からのラインです。フェイスブックで検索したら、彼は交際中のステイタスになっていたのでした。でもあんまり悲しんだり、ベタベタ慰めあったりしないのも、さとり世代の特徴です。ダメなら次！と、笑って切り替えちゃう」

第2章　さとり世代のちょこちょこ消費

小さい消費がちょこちょこと

原田　さとり世代は、消費しないと言われてます。実際、若者が消費しないことで困っている企業が多く、若者研にも、車からお酒からタバコからジュースからお菓子から家電から金融から……大変ありがたいことに、本当に様々な企業さんから日々業務のご依頼が殺到しています。

早稲田大・3年・男　たぶん欲求の総量は、昔の人と変わらないんじゃないかなと思います。お金がないからしょうがなく、デートでも安い居酒屋に行っているだけ。それが欲求が減ったように見えちゃうんじゃないかな。あと、優先順位の問題なのかなって。友達と付き合っていくだけで、結構お金が飛んじゃうし、そうなると車とか、いいレストランに行くとかっていうところまでお金が回らなくなっちゃう。

原田　ソーシャルメディアが普及して、さとり世代の人間関係数やコミュニティ数が増えたから、友達との交際も増えた。「狭く深く」のかつての人間関係が減り、「広く浅く」の人間関係が増えた。結果、同じメンバーとがっつり朝まで飲むんじゃなく、いろいろな友達と、男同士であってもちょこっとカフェに行くとか、そういった「少額社交消費」がすごく増えた。違う大学の友達ともよく会うようになったから、定期券の範囲外でも会い、交通費もかかる。こうして日々、ちょこちょこ消費をするから、こつこつお金を貯めて車を買うとか、ブランド物を買うとか、高額消費に向かいにくくなっている。

早稲田大・4年・男　社交消費以外でも、昔だったら使わなくてよかった消費がすごく増えていると思います。たとえばパソコンを買うお金だったり、ケータイ代だったり、スマホのアプリを何百円で買うっていうのなんかも。過去になかった少額のいらない出費がどんどん増えて、結局お金がなくなってるような気がしてるんです。

慶應大・3年・男　けっこう消費はしてるんだけど、1個の消費が細々してきてるんじゃないかなと思って。昔はお金を貯めて大きな物を買っていたけど、今は消費する回数は多くなっているんじゃないかって。

原田　高額ブランドの洋服を1着買うんじゃなくて、ファストファッションの洋服を10着買う。居酒屋で朝まで1万円かけて飲むんじゃなくて、カフェを一日3軒ハシゴするとか。

早稲田大・3年・男　友達の数とか、交際の回数が増えてきて、みんなの予定を一気に合わせて海外に行くっていうよりは、予定が合うメンバーで近めの熱海《あたみ》とかに旅行に行くっていう回数が増えてると思う。

原田　アメリカに1回行くんじゃなくて、熱海にちょこちょこ行くみたいな。

早稲田大・3年・男　そうですね。昔より横のつながりっていうのがすごく意識されていて。

つながりを意識した消費のスタイルが、消費を短く細々とさせてるような気がします。

原田　最近は、卒業旅行に複数回行く人が増えてきたみたいだね。本当に仲の良い友達と1カ月アメリカに行く、といったスタイルは減り、いろいろなグループと何度か近場の韓国に行く、みたいな。

経験消費というより思い出消費

白百合女子大・4年・女　そもそも欲しい物があるから働こうってならないというか。あれが欲しいとかいうと、働いてみたらってパパにめちゃ言われるんですけど。欲しい物とか、やりたいこととか、めっちゃいっぱいあるけど、自分が労力を使ってまでそれを実現したいかっていうと……。

原田　なんで働いてまで物が欲しくないんだろう？

白百合女子大・4年・女　なんでだろう。そのために働くんだったら遊ぶほうがいいから（笑）。正直、時給９００円で何時間働いてもしれてるじゃないですか。車欲しいとか思っても、時給９００円で何時間働かなきゃいけないって、そういうことを考えちゃうと、買わなくていいや、安い物でいいや、みたいな。周りを見ててもこんな感じだと思いますね。

宇都宮大・4年・男　あまり友達の中でもうらやましがられないんじゃないですかね。ブランド物持ってても。いいなあ～とはなるけど、それのために働くとなるとちょっと違うかなって。僕が働いてでも欲しいのは、経験とかサービスになってるような気がします。今度アメリカのＮＰＯ団体の合宿が２泊３日で富士山であり、それが４万８０００円もするんですけど、それに参加するためにバイトしてます。

原田　経験消費。スタディーツアーの消費が伸びているとか、家は買わないけどルームシェアする若者は増えているとか、そういった類《たぐい》の話だね。とは言え、スタディーツアーもルームシェアしている若者も増えてはいるものの、母数としては少ないし、国内旅行に行く若者も海外旅行・海外留学に行く若者も減っていることなんかも考えると、必ずしも体験型の消費が謳歌《おうか》されているかというと、やはり、まだまだ一部の傾向だと思う。

早稲田大・３年・男　富士山とか高尾山に行く若者は本当に多い。

原田　確かに、今の東京の学生は、かなりの人が山に行くようになっているね。これは、「経験消費」というより「思い出消費」かもしれないね。皆で登って、その景色や仲間の写真をソーシャルメディアにアップする。

桃山学院大・４年・女　私や、私の周りの友達はすごくパーティーをしたがる傾向にあります（笑）。一晩の２時間くらいだけで一人７０００円くらい払ってリムジン乗ってパーティーしよう！　とか、ホテルのスイートルーム借り切ってパーティーしよう！　とかいう案が上がったりします。きっとすごく海外ドラマに影響されているんだと思います。

桃山学院大・2年・女　最近ではいろいろなコンセプトのカフェができているので、そこに行くということはあります。例えば、大阪にある「絵本カフェ」と私たちが呼んでいる、店内に絵本がたくさんあるカフェなど。休憩するためにではなく、そのカフェの雰囲気を味わいたくて訪れています。値段も特別高いわけではなく、手頃ですし。他に本物の猫がたくさんいる猫カフェなど。休憩目的ではなく、猫と戯れたいがために訪れている友人がいました。

早稲田大・3年・男　僕は巣鴨のSM風俗によく行きます。けっこう値段、高いですが。

原田　それは「経験消費」じゃなくて、君の個人的な性癖でしょ！（笑）

既視感に覆われている

慶應大・1年・男　検索すると、物を持った感覚とかって、けっこうわかっちゃうじゃないですか。例えば車を買わなくても、この車に乗るとこういう感覚、みたいな。ご飯食べに行かなくても、このレストランはこうだ、これを食べるとこうだって。昔の人はそれがなかったから、試そうとかいう意欲が湧いたと思うんですけど、僕たちはそういう情報もすぐ入って来ちゃうから、欲が少なくなったのかなと。

桃山学院大・4年・女　確かにネットで手軽に知ることができるので、そこで満足しちゃいます。手に入っていないのに、ネットで見てると「今日のところはいっか」って、欲が薄れます。

原田　僕はこの若者の現象を「既視感」と言っているんだけど、まさにそれですね。要は「デジャブ」のことで、見てもないのに見た気になってしまうし、体験してもないのに体験した気になってしまう、ネットやソーシャルメディアが引き起こしている現象ですね。でもさ、やっぱり、食べ物なんて、食べてみないと想像できなくない？　「ラーメン二郎」好きの現場研究員の堀君を、以前、赤坂のホテルにあるお店に連れて行って、２５００円するパーコー麺を食べさせたら、驚いてた。彼はそれまで「『ラーメン二郎』に並ぶラーメンなど世の中にない」と豪語していたんだけど。僕も「ラーメン二郎」発祥の地にある慶應大学出身だから大好きなんだけど、やっぱり、全く別ジャンルでおいしいものって世の中にはたくさんあると思う。そして、それは、食べてみないとわからないんじゃないかな。

慶應大・2年・男　ネットやソーシャルメディアの口コミで見てわかった気になっている若者の現象を、「さとってる」って言うんじゃないかなって思います。

原田　なるほど。「さとり世代」は、「さとった風世代」なわけだ（笑）。さっき、さとり世代は、「経験や体験にならお金を出したい」という話があったけど、この「既視感」とは矛盾するよね。恐らく真実は矛盾していなくて、さとり世代は基本的にはこの既視感に覆われているから、それを打破するような超魅力的な新しい体験を、サービスサイドはさとり世代に提供しないといけなくなっているのかもしれないね。ただ「ここに行けますよ」っていうだけの旅行サービスじゃさとり世代を動かすことはできない。「ここに行ったら、こんな未知で新しい体験ができますよ」という超高付加価値が必要になってきている。

さとり世代は「デフレ商品」の申し子

早稲田大・4年・男　消費意欲の減退についてですが、僕はけっこう裕福に育ってきたというか、全部与えられてきて、欲しいと思ったもので手に入らなかったものはあまりないんですね。だから物欲自体がなくなってしまったのかもしれないです。

原田　きっと君んちは周りより裕福なんだろうけど、でも世代論的に見ると、さとり世代は全体的に同じことが言える。さとり世代はバブルの頂点近辺で生まれているから、世代的に見ると、実は戦後一番裕福な人たちなんだよね。その後、太宰治《だざいおさむ》の『斜陽』のように貧しくなっていく人も出てくるわけだけど、もともとベースは豊かだったわけ。だから、お金持ちの二代目みたいなもので、モノに満たされて育ったから、「余程のモノじゃないと欲しくないよ」という感覚は、上のどの世代よりも強いかもしれない。NHKの『あまちゃん』でも、東京に憧《あこが》れるバブル世代の小泉今日子《こいずみきょうこ》が女子高生の時って、経済発展はしていたのだけど、やっぱり、貧しいんだよね。田舎にもようやく北鉄《きたてつ》（北三陸《きたさんりく》鉄道）が通ったと喜んでいたり、テレビでアイドル歌手が歌っているのを、テレビの前でテープレコーダーを押して録音したり。一方、その子供の能年玲奈《のうねんれな》の時代になると、豊か。能年玲奈が「何で東京にそんなにこだわるの？　わざわざ東京行かなくても、ネット使えば欲しいものは大体買えるし、もう東京も田舎も変わんないって感じするけど。むしろ自然とか海とかおいしい食べ物とか、都会にはないものいっぱいあるし」と言っている。さとり世代の能年玲奈は、都会的なコトやモノに満たされているし、ネットで何でも買える状況にあるから、むしろ自然に憧れを持っていたりする。

早稲田大・４年・男　さとり世代は、ベースが裕福ってことに加えて、昔よりいろんな選択肢を持つようになった。例えば肉を食べたいって思ったときでも、高い肉から、若者が行ける何百円均一の焼き肉屋まである。しかも、何百円均一の肉がそこそこおいしかったりする。

原田　確かにそれもあるね。この15年間続いたデフレ経済の間に、日本にデフレ商品、デフレサービスが本当に増えた。デフレは基本的にはネガティブな現象だと思うけど、日本のデフレ商品やデフレサービスはすごかった。「安かろう悪かろう」の商品やサービスがほぼ日本から消滅し、「安かろうそこそこ良かろう」の商品・サービスが増えた。ファストファッション、コンビニのＰＢ（プライベートブランド）、アウトレット、低価格のメガネやスーツ、ＬＣＣ（格安航空会社）もスマ婚（スマート婚＝無駄を削った低価格の結婚式）も、身の回り３６０度を見渡すと、どのジャンルでもこういった商品・サービスが増えた。さとり世代は、デフレ経済しか知らない「デフレの申し子」だし、逆に言えば、この日本だからこそ実現できた安くて良質な商品・サービスの恩恵を受けてきた世代とも言える。昔だったら、貧乏学生が入手できるものは、すぐ壊れちゃうとか、ちょっとダサいとか、そういうものだけだった。なのに、さとり世代は、ファストファッション店に行けば、それなりにシュッとした洋服が得られて、全くダサくない。つまり、さとり世代は、もともと裕福なせいで物欲が育《はぐく》みにくかった上に、お金がなくても、ある程度良質なモノを得られてしまって、そこで満足しちゃっている。それが、上の世代からは、消費意欲がないとか、元気がないとか、そういった風に見えちゃう元凶。

昔も今も日本は「均質化」国家

横浜国大・3年・女　私はあまりブランド物を欲しいとか思わないんですけど、それは周りの影響もあるかなって思うんですよ。ブランド好きな人は世の中にいるんだろうけど、私の周りには全身ブランドで固めてますみたいな友達がいなくて。

原田　ブランド好きは、絶滅危《き》惧《ぐ》種になっているのかね（笑）。

横浜国大・3年・女　私の周りでは、ブランド物を持ってても、別に評価もされないし、見下げられもしない。本当に人の評価と関係ない。

早稲田大・3年・男　昔のディスコのイメージだと、ブランドのバッグ持って、イタリア製のダブルスーツ着てみたいなことがステイタスだったように思います。ブランド物は、高かったり、海外のものだったりってことで、ステイタスが得られたんだと思いますが、さとり世代は、高ければ価値があるものっていうふうに思ってないんですね。自分が見つけたものに価値があると思ったら、それが自分にとってのブランド、みたいな感覚。

原田　過剰にブランドに振り回された過去と違い、さとり世代が、自分にとってのブランドを発見して消費しているのであれば、それは世代的な進化かもしれないね。が、大多数は、そこまで高尚な感じじゃなくて、さとり世代のファッションは均質化してる、とも言われている。尖《とが》った格好をしている人が少なく、皆同じような格好をしている。ニコイチ（2人で一つのアイテムを共有すること）なんて言葉が流行《はや》るのも、まさにさとり世代の均質化を象徴しているかもしれない。

博報堂・若者研・長尾　でも、それって、昔の人がみんなブランド物の洋服を着てた、着たいと思っていたというのと、あまり変わらないじゃないですか？

原田　確かに。皆が松田聖子に憧れて聖子ちゃんカットをしてた過去と、皆が好きなアイドルや読んでる雑誌はバラけているんだけど、似たような格好をしている今は、時代背景は全く違うんだけど、みんなが均質化しているという点では結局同じだね。でもね、今はネットもケータイもあるし、もっと若者の趣味・嗜《し》好《こう》が多様化すると大人は願っていたんだけどね。

博報堂・若者研・長尾　結局、しなかった（笑）。

さとり世代の下流こそ優良消費者!?

立教大・4年・女　さとり世代はブランド離れしてるって話がさっきから出てきていますけど、私の地元の秋田県能《の》代《しろ》市の友達は、すごいブランド物を欲しがってる子が多いんです。ブランドものの財布を買うために、みんな頑張って働いたり。彼氏におねだりする子も多くて。ブランド物に憧れるみたいな空気は残っている。

武蔵野美術大・4年・女　私は江東《こうとう》区に住んでいますが、下町である私の地元友達も確かにブランド物の鞄《かばん》を欲しがってるし、持ってる子も多い。

原田　さとり世代全体としては、ブランド信仰は減ってきているけど、依然残っている子もいる、と。そういう人って……。

立教大・4年・女　どちらかと言うと「下流」です。

原田　「下流」って、身もフタもないけど……。まあ、日本で格差が広がって、君らさとり世代は、上の世代よりも社会階層が可視化されてきているんだろうけど、なんだか世知辛いねえ。

立教大・４年・女　地方には、車やバイクの改造とかにお金かけている人がいっぱいいる。

早稲田大・４年・男　大学の友達はあまりお酒を飲まなくなってきているように思うけど、地元のＤＱＮ（ドキュン。ヤンキー、不良っぽい人）は未《いま》だにどれだけお酒を飲めたかがステイタス。

桃山学院大・３年・女　地元が大阪の岸和田《きしわだ》に近いんですけど、だんじり祭をやってるグループはすごい。飲むお酒の量も半端ない。女子でもかなり飲まされてる。

白百合女子大・４年・女　仙台の私の地元の友人は、高校卒業後、すぐに仕事をしてるんですが、彼らに話を聞くと、将来マイホームが欲しかったり、私たちと違ってすごく大きい夢を持っている。地元友達みんなで大きなミニバンに乗って、一戸建てツアーとか行ってます。将来への夢を膨らませて。

原田　「マイホームが夢」って、さとり世代っぽくないね。団塊世代とか、その上の世代の話みたい（笑）。さとり世代って、ひょっとすると、ある一定以上の社会階層の若者たちのことを指す言葉なのかもしれないね。社会階層が「下」の子たちのほうが、上昇する余地もあるし、案外上昇志向が強いのかもしれないね。

早稲田大・3年・男　松戸のヤンキーとか見てて思うのは、僕らは大学生ですが、やつらはもう働いてるじゃないですか。数年先を考えると、僕らの方が給料が高くなっているかもしれないけど、今の時点では彼らの方がお金を持っている。彼らは大した給料じゃないのに、キャバクラによく行って1万とか平気で使ってる。そして、それを自慢してきたり。「俺、金持ってるから」みたいな感じで。そのオラオラした感じが、なんか、上の世代の大人のイメージと被《かぶ》る。

原田　（笑）。上の世代の大人は、さとり世代からすると、みんなＤＱＮ感がある、と。逆に言うと、今、ＤＱＮの子は、昔と変わってないのかもしれない。だから、消費意欲が旺盛《おうせい》なのかも。僕の調査でも、消費をしないと言われるさとり世代の中でも、彼らの消費意欲は、かなり旺盛だという結果が出ているので、彼らは案外優良な消費者と言えるかもしれないね。

「プチブランド消費」と「微細な差別化消費」

ICU・2年・女　ＤＱＮじゃなくても、高級ブランドのバッグにみんな本音では憧れてると思うんですけど、でも、高いじゃないですか。なので、２万円ぐらいで買える手頃な価格のブランド物を持ってる子が多い。

原田　ブランドに興味がなくなったわけじゃなく、現実的な問題を考えて、ハイブランドを選ぶんじゃなくて、もう少しコスパの良いブランドを選ぶようになった、と。高嶺《たかね》の花を追い求めるのはイタイ。それよりも、プチ贅沢《ぜいたく》を狙う、と。綺《き》麗《れい》すぎるアイドルに憧れるんじゃなくて、身近にいそうなＡＫＢに憧れる、もっと言うと、実際に身近にいる読者モデルに憧れる、みたいなことなんだろうね。最近では、若者によく飲まれるようになっているビールも、プレミアムものになっているもんね。ビールくらいの価格ならプチ贅沢が狙える。昔は自社ブランドを、手の届かないハイブランドまで引き上げることが重要だったけど、さとり世代に対しては、背伸びすれば届く範囲内のプチブランドを作ることが、マーケティング戦略上のキーになってきているのかもしれない。

白百合女子大・4年・女　ブランド物も確かに興味はあるんですけど、内面にお金を注いでる子が多くなったなって思う。お料理教室とか、自分のスキルアップだったり、自己啓発だったり、スクール通ってみたりとか、あと、ヒアルロン酸注射打ってみたり。

原田　それ、外面（笑）。まあ、さっきの話と一緒で、モノより経験などの消えモノにお金を払うってやつですね。

白百合女子大・4年・女　4カ月くらいで消えちゃうんです。ヒアルロン酸（笑）。だから消えモノ。大人はみんな、さとり世代のファッションが均質化してるとか言うんですけど、だからといって、みんなが同じモノを買っているわけじゃない。安い方を買うとも限らない。コスト意識は高くなってきているけれども、「この服のここの部分は、他とはちょっと違う」とか、「Vネックはこっちの方が大きくて良い」とか、そういうこだわりはみんな一人ひとり持っていると思う。ファストファッションと呼ばれてるものは、実はただ安いだけに価値があるんじゃなくて、そのへんをちゃんと押さえているものが多いと思う。

原田　ただ安くて機能がいいだけでデフレ商品を選んでいるわけじゃない、と。

慶應大・2年・女　私は慶應大学に入るって決まったときに、みんなヨーロッパの高級ブランドを持ってるイメージがあって、親に頼んで一つ買ってもらったんですよ。慶應ガールになるために、と思って。でも、入学後、新しいブランドは特に買ってなくて。普通のファッションブランドだけど、ちょっと安くていいのを買えたら、けっこう自分は満足してる。お金がなくて我慢してブランド物を買わないんじゃなくて、今はいろいろな選択肢があるから、自分がこれでもいいかなって思えるモノに出会えてるって気がします。もちろん、やっぱり人目を気にして、そんな尖った格好はできないけど、自分なりのこだわりはあったりする。

原田　あんまり目立った格好をすると、さとり世代の住んでいる「ソーシャルメディア村社会」ではイタイと言われてしまう。だから、前提としては無難な洋服を買うんだけど、じゃあみんな一緒の制服でいいかって言うと、やっぱりそれじゃ嫌で、微細な差別化を行っているんだね。

「モノ」消費から「いいね！」消費へ

原田　物より経験っていう話が出てきたんだけど。それについてはどう思う？

横浜国大・３年・女　ＡＫＢの総選挙でＣＤを大量に買うオタクの人たちがたくさんいたじゃないですか。あれって、ＣＤ自体が欲しいんじゃなくて、おまけの投票権が欲しい。あれが象徴的なんじゃないか、って。

原田　「応援消費」みたいな。ブランド物には支出しないのに、応援には支出すると。

慶應大・１年・女　モノより経験っていうより、「モノより思い出」かなと。たとえばインスタ（インスタグラム。無料の画像共有ソフト）とかにブランドバッグを載っけるよりも、みんなで楽しんでる写真とかを載っけた方が「ライク」（いいね！）も集まるし。

原田　みんな、ソーシャルメディアでつながり過ぎちゃってるから、高級ブランドのバッグを載っけたら、「あいつ、イタイ」って思われる確率も増えた。それよりは、友達とわちゃわちゃ楽しそうにしてる写真を載せた方が、みんなからの好感度が高い、と。

慶應大・２年・女　モノよりみんなで楽しんでるほうがいいなって思う人が多い。物は個人が持ってるだけだけど、思い出って他の人も一緒に共感できるし。

博報堂・若者研・長尾　昔の人にとっての車とか、これ欲しいみたいなモノが、さとり世代にとっては、思い出だったり、場所だったり、出会いだったり、そういうものに替わったのかな。昔はあまりなかった場所、たとえば絵を描けるカフェだったり、レザーで何か作れるカフェだったり。昔にはなかったモノって、もう物ではなく、サービスになってくるのかな、と。

原田　つまり、企業側がさとり世代に、新しいモノを提示できてない、新しいサービスは提供できているけど、ということかな。

早稲田大・4年・男　僕は、若者が経験にお金を出してるわけがない、と思っていて。だって、いつも渋谷《しぶや》で遊んでるし、新宿で遊んでるし、経験も思い出もクソもないと思ってる。

原田　君はいつも「ラーメン二郎」ばかり食べてるしね（笑）。さとり世代のマジョリティは、そうなのかもしれないけど、「意識高い系」のさとり世代は、経験を重視するようになってきていると思うし、さとり世代の中でも女子の方は、社交や思い出作りに勤《いそ》しんでいる気がするね。

早稲田大・4年・男　思い出を得るための消費って、自分の存在意義が欲しいだけなんじゃないかなって。今、コミュニティがすごく増えてるので、たとえばAというコミュニティの中での自分の存在を確認するためにAの仲間とカフェで写真を撮ってアップする、Bというコミュニティの人と楽しんでる自分を確認するためにBの仲間と居酒屋で写真を撮るっていう、形だけの思い出になってる気がして。

原田　さとり世代は、友達が増え過ぎているので、必然的に一人ひとりとの付き合いは浅くなっていて、どこかで不安を感じている。だから、人間関係との絆《きずな》を確認したくなっている、ということかな。あと、みんなの日頃の行動を見てると、ソーシャルメディア上に、友達と仲良さそうな写真を載せると、周りから「いいね！」が押されやすくなるので、「いいね！」欲しさにそうした友達との写真をアップする、という人もいるよね。「思い出」が欲しいからその行動をするんじゃなく、「いいね！」が欲しいからその行動をする。「いいね！症候群」。

早稲田大・3年・男　ソーシャルメディアの普及によって、さとり世代の中で寂しい人間が増えたんじゃないかなと。家にいても、友達の行動がわかるようになっているので。

原田　みんなが楽しそうにしてる写真がフェイスブックに上がったり、ラインでシェアされると、「俺、一人で家でボーッとしてて、なんて寂しいやつなんだ」と思ってしまう。

何もしなくても満足

早稲田大・3年・男　さとり世代は、就職を考えて、経験のためにお金払うとか、インターンをやる人が増えている。つまり、自分に厳しい人が増えたんじゃないかなと思います。

原田　さとり世代は、就職氷河期世代だから、将来のことを考えて「経験消費」を望む人が増えている。さとり世代の「経験消費」や「思い出消費」は、一種の就職活動である、と。

早稲田大・3年・男　はい。たぶん昔の若者は、社会がなんとかしてくれるだろうっていうなんとなくの見込みがあったんじゃないかと。学歴さえ持っておけば、いい会社に行けるって考えられたけど、今はそれがなくなっちゃったから、自分に厳しい人が増えた。楽に就職できる時代じゃないので、学生生活を適当に過ごしていて良いという気持ちはないですね。

原田　さとり世代が、「なんとかなるさ」という発想を持ちにくい時代に生きてきたのは確かだね。でも、君らは「ゆとり世代」とも呼ばれているわけで、自分に厳しい人が増えたというのは、一般の人のイメージとは違うだろうね。

大正大学・3年・女　さとり世代で、厳しい人が増えたとは思わない。時代が厳しいのは確かだから、そこから逃げたい、と思っている人が多いと思う。私、さっきまで原宿《はらじゅく》で友達とだらだら3時間ぐらいお茶をしていて、ずっと2人で言い合ってたんですけど、「なんか、もう周りがパッと変えてくれないかね」みたいなことを。

原田　バブルを知らないさとり世代が、バブルの再来を求めている（笑）。映画『ＡＬＷＡＹＳ　三丁目の夕日』（山崎貴《やまざきたかし》監督）を観て、昭和を知らない若者が涙したのと似た現象だね。

白百合女子大・4年・女　なんかすごいかわいそうな子たちって、大人の人はよく言うじゃないですか、私たちのことを。経済が悪くて、不幸な世代だねって。でも、自分自身はそういう実感は全くなくて。別に今、自分たちが不幸だと思ってないし。アベノミクスとかどうでもいいし。選挙に自分たちが行っても、自分の生活が変わるとも思ってないし。

原田　さとり世代は、上の世代から見ると暗い時代を生きてきたのは事実なんだけど、案外満足度が高い、っていうことは、いろいろなところでよく言われているね。昔に比べると、若者が大志を抱かなくなったから、ちょっとしたことで満足、という訳が多いのだけど、貧すれど心は豊か、みたいに心が強くなっているのかね？

白百合女子大・4年・女　自分たちでは別に普通にしているだけですけどね。こういう言動が、「さとり世代」ってネーミングされちゃうんですかね。ジュリアナで踊りまくって楽しいっていうのも正直わかんないし。普通にエントランスフリーのクラブで踊ってて楽しいと思えるし。特別感とかがすごい欲しいわけじゃない。

原田　身の丈生活で楽しめるようになったからハッピーだって話だよね。何で身の丈の日常で楽しめるんだろう？　退屈になったりしない？

白百合女子大・4年・女　周りもみんなこんな感じだし。海外ドラマの『ゴシップガール』

に憧れは持ってるけど、だからといって別に自分がああいったセレブになりたいとは思っていない。今のレベルで十分満足してる。一度くらいリムジンで登校してみたいと思うけど（笑）。でもなんかそのために努力しようとは思わない。それを視野が狭いって言われるのはちょっと。

原田　君は『ゴシップガール』のセレブのブレアになりたいって、よくツイッターでつぶやいてんじゃん！　でも、それはネタであって、本音ではそう思ってない、今のままでいいと。

早稲田大・4年・男　さとり世代が駄目になってるんじゃなくて、情報を求めなくても入ってくる時代に生まれたし、デフレサービスで安くてもけっこういいものが手に入ったりするし。

原田　つまり、情報環境や消費環境がかなり都合の良いものになったので、自発性を持って行動しなくても、何もしなくても、ある程度満足できるようになっている、と。

早稲田大・4年・男　僕、原田さんとつきあってから、「ギブアンドテイク」が世の中の原理原則だって初めて知ったんですよ。今まで別にこっちから何かを与えなくても、情報にしても物にしても勝手に入ってきたっていうイメージで生きてる人が多いから、努力の仕方も知らない。

原田　「ギブアンドテイク」を教えてるって、なんか、僕が嫌なやつみたいじゃん（笑）。

早稲田大・4年・男　いやいや（笑）。僕はそれに感銘を受けたんですよ。今は全部物も情報もあるので、取りに行き方を自分なりに模索もしないし、努力もしない。だからこそ、これが欲しいっていうときに努力した世代に比べると、やっぱりエネルギッシュさが劣ってると思う。

「面倒臭い」が最上位概念

早稲田大・3年・男　僕は、とにかく、全部面倒臭いんです。高いお店行くのも、車やブランド品を買うにしても、恋愛もそうですけど、たぶん全部欲しいなと思う気持ちはあるんですけど、面倒臭いんですよ。ぬくぬく育ってきたんで、苦労はできないのかなっていう。

原田　人間、誰しもよく考えてみたら全て面倒臭いって思う。たとえばバイトを死ぬほどして車を買うとかって、面倒臭いでしょ。海外行くのも危険もあるし、飛行機が落ちるかもしれないし、準備するのも面倒臭い。でも面倒臭いを超えて、未知の体験とか刺激を得たいと思ってたわけだよね。さとり世代からよく出てくるキーワードの一つが「面倒臭い」なんだけど、どうして「面倒臭い」が最上位概念になっちゃったんだろう？

早稲田大・3年・男　意外と忙しいんじゃないのかなと。家でだらだら寝るが一番やりたいことになってたりする。

原田　なんだか忙しいビジネスマンみたいだね（笑）。お友達関係数とか、コミュニティ数が、特に都会の子の間で増えてるから、それに疲れて忙しいと。

博報堂・若者研・長尾　昔はなんで面倒臭さに打ち勝てたのかが私にはわからない。

バブル世代編集者　飢餓感がありましたよね。満たされてないっていうか。

原田　僕は今、36歳で、1977年生まれ。日本がGDP世界2位になってから生まれてるので、上の世代に比べると、「豊かな第一世代」。でも、さとり世代よりは、僕ら「団塊ジュニア」や「ポスト団塊ジュニア」はがつがつしている。僕らの父親世代である団塊世代は、働けば給料が上がっていったし、家にテレビが入ったり、車が買えたり、わりとわかりやすく上昇感が得られたので、自分をモチベートしやすく、頑張りやすかった。一方、僕ら「団塊ジュニア群」の世代になると、テレビも車もクーラーも既に小さい頃から家にはあったので、頑張ったところで上昇感を得にくいステージに入っていた。でも、思春期以降は経済低迷を突きつけられてきたので、面倒臭いなんて言ってる場合じゃなく、「頑張らないと現状維持すらできない」「頑張らないと親から貰《もら》った生活レベルより落ちてしまう」という危機感を持った。さとり世代は、団塊ジュニアよりも、生まれた時点では最も豊かな世代で、それ以後、どんどん経済的に落ちていったので、生活レベルの下降幅は団塊ジュニアより大きく、団塊ジュニアよりも危機感を持っていて然《しか》るべきだと思うんだけど？

博報堂・若者研・長尾　面倒臭いに打ち勝ったところで、何か結果が出るかしら、と不安になってしまうところはあるかな？

早稲田大・3年・男　面倒臭いに考えが至るときって、必ず結果を出そうとする自分がいるとき。今からどうしようってなったときに、あそこに行ったら楽しいだろうけど、でも一方で、いいとこと悪いとこと必ず両方が浮かんできて、結局、面倒臭いが勝つことが多い。消費でも、結局選ぶ物は当たり障りのないもので、いいも悪いもあまり差の出ないほうに行く。

原田　つまり、結果が出るわけがない、上昇しようがないといった感覚をさとり世代は持っていて、それがさとり世代がよく口にする「面倒臭い」の本性だと。

慶應大・2年・女　たとえば急に留学行きたくなって、親がその費用を出せないって言ったとしても、自分ですごいバイトしてお金貯めて頑張って行こうっていうのがない。

大正大・3年・女　日本経済が厳しいと言われているけど、やっぱり一番日本が豊かだったときに生まれているから、ベースとして渇望感はない。

原田　さとり世代は確かに生まれた時点では最も豊かな世代だったわけだけど、その後、日本経済が停滞し、生活保護家庭も、貧しい母子家庭も、奨学金を貰わざるを得ない大学生も増えているよね。そうしたさとり世代は、ハングリー精神が強くなったりしないのかな？

大正大・3年・女　奨学金を貰ってる人たちは、そもそも何かをしたいっていう余裕があまりない。飲みに行きたいとか、そういう欲すらあまり出てこないみたいで。奨学金のために勉強を頑張らなきゃいけないし、なんかそれ以上もうできないよ、みたいな。

慶應大・2年・女　面倒臭いがキーワードになっているのは、さとり世代が情報に踊らされているからだと思う。たくさんの情報を得て、いろいろなことを知った気になって経験をしないままに終わったり。あとは、自分が頑張っても何かを得られる自信がないとか、失敗が怖いっていう意識があって、逃げの面倒臭いなのかなと思って。その方が楽。

早稲田大・3年・男　面倒臭いのは、多分興味あることしかやらないようになっているのかな。興味の幅が狭くなってる。

原田　なんで興味の幅が狭くなっているんだろう？

早稲田大・3年・男　自分で何も動かなくても勝手にいろいろ情報が入ってきたり、ある程度満足できちゃうから。よっぽどのことじゃないと動かない。

早稲田大・4年・男　なんで動かないのって聞かれたときに、理由がわかんないんですよね。なんで君たちは飲みに行かないの、って上の世代に聞かれてもわからない。そんなときに一番手っ取り早い答えが、面倒臭い。わからないって答えるのも恥ずかしい。それこそ、面倒臭い＝怖い、とか、失敗したくない。僕は面倒臭いのでやりませんって言ってるけど、内心では失敗したらどうしようとか、実は怖かったりとか。

原田　内心ではチャレンジしてみたいって気持ちがあっても、情報過多でいろいろなことを考え過ぎて怖い。だから、面倒臭い、というリスクヘッジの言葉を使って逃げる、と。

なぜウユニ塩湖へ行く若者が増えたのか

原田　「若者と消費」というテーマでよく取り上げられるものの一つが、「若者の海外離れ」。若者の海外旅行も海外留学（短期留学は増えているようだ）も減っているわけだけど、そんな中で、ボリビアのウユニ塩湖とか、トルコに行く学生が増えている、なんて話もある。皆の周りでウユニ塩湖やトルコに行った人はいるかな？　ぱらぱら手が挙がるね。情報過多で面倒臭いなら、どうしてこの二つのエリアに行く人は増えているんだろう？

早稲田大・4年・男　このエリアに行っている人って、実はそんなに多くないと思うんです。言っている人がすごく目立つだけだと思う。例えば、箱根とか熱海に行っている人のほうが多いはずだけど、箱根とか熱海に行った写真をフェイスブックにあげてる人がいても、あげてる人が多過ぎて見飽きちゃってるからスルーしちゃうんです。

原田　若者の国内旅行も減っている。女子はそうでもないんだけど、男子の方は顕著。でも、熱海に行く若者たちは増えているようなので、君らのフェイスブックに友達の熱海の写真が大量に載る、ということが起こっていて、それに嫌気を感じてスルーしちゃう人も多いんだろうね。とは言え、「ポスト団塊ジュニア」の僕が学生の頃は、トルコに行ったという人もあまり聞かなかったし、ましてウユニ塩湖なんて聞いたことがなかったなあ。

早稲田大・4年・男　思い出残したい欲ってけっこうあるんじゃないかな。友達の卒業旅行のフェイスブックとかを見ると、最後だし、思い出残そうよ的な書き込みが多くて。そういう人たちは、あまり人が行っていないようなとこに行きたがる。

原田　思い出残すももちろんあると思うけど、ひょっとすると、フェイスブックに載せたときに写真が映える場所に行く、という行動原理になっている人もいるかもしれないね。つまり、どこかに行って、結果、綺麗だから写真を撮る、というのではなく、そこの写真を撮ってフェイスブックに載せたい、結果、そこに行く、みたいな主従が逆転している現象が起きているかもしれないね。さっきも出てきたけど「いいね！消費」。

早稲田大・4年・男　みんな、卒業旅行とかって、違う友達と複数回行ったりしています。

原田　今の若者はソーシャルメディアによって、お友達数やコミュニティ数が増えているので、複数回行く子が増えている。特にコストを抑えるために、韓国などの近場の海外に行く子が多いみたいだけど。若者研を去年卒業したCさんも、いろいろなコミュニティと何度も韓国に行ってた。そんな短期間に何度も韓国に行って楽しいの？　って聞いたんだけど、行く友達が違うと同じ場所でも違う楽しみがある、なんて言ってたね。

早稲田大・4年・男　たぶん、お金がない子は韓国や台湾などの近場の海外へ。そうでない子は、一番仲がいい人たちとは、ハワイへ行ったり、グアムへ行ったりして、他の子とは、遠過ぎず近過ぎず、ちょっと変わったところに行こうみたいになっている気がする。

原田　ウユニ塩湖はさすがに遠過ぎるし、マニアック過ぎるんじゃない？

早稲田大・4年・男　ウユニ塩湖って、よく「死ぬまでに行きたい絶景」なんて「ネイバーまとめ」なんかでまとめられているんですよ。だから、けっこう、皆、知ってるし、社会人になったら遠出はあまりできないよ、なんて話もよく聞くので。

原田　出た！　さとり世代の重要な情報源「ネイバーまとめ」サイト。確かにまとめサイトの影響もあるかもしれないね。まとめサイトの方も、「死ぬまでに行きたい絶景」とかって、括《くく》りやすいのかもしれないね。いずれにせよ、まとめサイトにはネタ的なものが載るわけで、このウユニ塩湖の例はさとり世代の「ネタ消費」と言えるかもしれないね。

海外離れもやっぱり「既視感」と「コスパ」

早稲田大・4年・男　さっき、さとり世代は「ちょこちょこ消費」が多くなっているって話がありましたけど、結局、海外離れもそれが影響している。

原田　さとり世代は、お友達数とかコミュニティ数が増えているから、そこのお付き合いでちょこちょこ消費しちゃう。だから、ある程度高額な海外旅行に消費は向かわない、と。

早稲田大・4年・男　なんで旅行に行かないかって、やっぱりインターネットとかで触れられる情報が多くなったから。例えばユーチューブとかで、景色を見ると行った気分になれる部分が大きいんじゃないかなと。それって旅行だけじゃなくて、例えば流行りのカフェとか、いろんなスポットとかも、自分としては行きたい気持ちはあるのですけれども、遠いし行きづらかったりとか、いろいろな理由がある中で、インターネットとかで見て、行ってきました、パンケーキ食べましたみたいな友達の書き込みやつぶやきを見ると、なんとなくこんな味なのかなとか、こんな雰囲気なのかなと、ある程度想像できてしまう。

原田　実際、本当に想像できるの？　ウクライナに旅行に行った人のフェイスブックを見て、ウクライナをわかるの？

早稲田大・4年・男　写真が載っていて、こんな気温でした、こんなものを食べましたみたいなのがあると、完璧《かんぺき》には想像できないかもしれないですけれど、なんとなくこれぐらいの肌感で、というのは想像しやすい。

原田　行ったことがないのに、ウクライナの肌感覚を持てる？　あまりにすごすぎない？

早稲田大・4年・男　コミュニティ数が多いので、毎回遊ぶ友達が違う。だから、同じ新宿でも、旅行感覚を味わえちゃう。海外とか行かなくても、気分転換が毎回できるから。

原田　毎日、同じ新宿の同じ喫茶店にいるのに、会う人が毎回違うから海外旅行に来てる感覚が味わえる?!　新宿のルノアールは君らにとっては海外なわけだ（笑）。

早稲田大・2年・男　ソーシャルメディアで、海外に行った友達が絶対言うのって、日本が一番過ごしやすいとか、日本のサービスが一番いいとか。それを見たら、結局、日本が一番って思う。

原田　でもさ、それは海外に行ったからこそ実感できるわけじゃない？　僕も中国や東南アジアへの出張が多いから、アジアで雑なサービスを受けたり、道が綺麗に舗装されていないのを見て、やっぱり日本はすごいなあ、って思うわけ。日本にいる間は、この日本のレベルの異常な高さが当たり前だと思ってしまって気づかないわけ。さとり世代は、行ってもないのに、想像して、その国をわかった感を持ち、その上で日本を選択しているってことだよね。さとり世代は、「わかった感世代」なのかもしれないね。

白百合女子大・4年・女　さっき、女の子の国内旅行はあまり減ってない、って話が出てきましたけど、女の子って、思い出作りがすごく好きだからかな、と。高校のときとかも、いちいち遊びに行くたびにプリクラを撮ったり、今も会うたびに写真を撮ったり、食べたものも写真に撮って、ツイッターにあげたり、フェイスブックにあげたり。でも、男性ってあまり、いちいち食べたものを写真に撮ったりとか、会ったら写真を撮るとかしないじゃないですか。

原田　女の子も本当は「既視感」によって生まれる「わかった感」で、旅行に行かなくてもわかるって状況になっているのに、女の子の間では「ソーシャルメディアコミュニケーション」というPR義務があるから、その分旅行に行く、と。新説だね（笑）。

白百合女子大・4年・女　ウユニ塩湖に行く若者がなんで増えているかというと、ハワイとかって、親と行ったほうがお買い物できるし、友達と行く意味がないかなって。だから、ハワイは親と行き、何もないウユニ塩湖は友達とネタ作りに行く。

原田　さとり世代のハワイ旅行は、「親のお財布消費」（笑）。

早稲田大・3年・男　僕はやっぱり、さとり世代が旅行に行かなくなっているのは、コスパかな、と。例えば旅費が20万ぐらいだとすると、友達と飲みに行ったほうが40回行けるじゃないですか。

原田　その二つを本気で比べているとしたら、さとり世代はコスパ意識が高いんじゃなく、視野が狭くなってしまっている。だって、渋谷のカフェに80回行くのと、ミャンマーに1回行くのは、そもそも目的や得られるものが違うんだから、比べられない。学生時代にミャンマーに詳しくなれば、就活のネタにもなるだろうし、会社に入ってからも重宝されるかもしれない。でも、渋谷の同じカフェに毎日いても、どちらにも使えない。渋谷のカフェで得られるのは「居心地」、ミャンマーで得られるのは「刺激」。得られるものが違う二つのものを同じ金銭軸で考えてしまっているのがさとり世代だとしたら、本当の意味でのコスパを考えてるとは言えないかもしれないよ。

早稲田大・3年・男　でも、車が１００万円するとしたら、レンタカーをみんなで割れば３０００円とかだろうし、それで３００回ぐらい行けるじゃないですか。車は常時使わないから、天秤《てんびん》にかけて、こっちのほうがお得だなみたいな感じで。

原田　合理的に計算して、それを選択しているのが、さとり世代だと。でもさ、車ってやっぱり乗ってみないと、価値ってわからないじゃない？　僕は「ポスト団塊ジュニア」なんだけど、ちょうど僕らくらいから「若者の車離れ」が言われるようになった。しかも、僕の場合は、そもそも車が必要ないくらい便利な山手線《やまのてせん》沿線に実家があるということもあり、そもそも車離れしていた。だから親父は車を持っていたけど、僕は持たなかった。ところが数年前、大きなプロジェクトが発生し、あるクライアントの商品開発部門に1年半の間、出向になった。その場所は電車で行くには大変で、僕の家から車で2時間かかる。毎日、往復4時間、近居している父親のを借りて通勤することになった。運転に慣れてなかったものだから、初日に首都高で軽い事故を起こしちゃって、いろいろな人にご迷惑をおかけしてしまったりしたのだけど、毎日それだけ運転していると、それまでの電車と徒歩の生活ではなかった発見がたくさんあったんだよね。運転の気持ち良さだったり、一人空間の快適さだったり、へー、こんな場所があったのかだったり、お、歩きタバコしてる女性がこんなに増えてるんだ、だったり、家だと鬼嫁の嫁さんも助手席だと何でか優しく話してくれたり（笑）。家だとぐずる娘が、車に乗せると揺れが気持ち良いのか、すぐに寝てくれたり。こうした自己体験からも、やっぱり、車に乗らないとわからない価値って必ずあると思うけど。

早稲田大・3年・男　やらなきゃわからないことが実際多いっていうのは、絶対そうで。基本的に表面的なコスパで考えているから、最初から排除されてしまうものがかなり多い。僕らさとり世代の、さとれていないところというか、そこが一番の穴。

タイには行かないけどタイ・フェスには行く

原田　今の三十代が二十代だった10年前、大学生はもっと海外留学にも旅行にも行っていた。当時、バブルは既にはじけていたので、必ずしも金銭的な問題だけを理由にはできない。かつ、今、三十代の人で、会社を辞めて海外留学に行く人が、すごく増えている。僕の同期でもこうした人たちがけっこういるし、テレビ局のアナウンサーでも、高給を捨てて海外留学に行く人がいたでしょう？　この10年でどうしてここまで極端に海外志向が減ってしまったんだろうね？

大正大・3年・女　この間、私の周りの友達がけっこうツイッターに写真を載せていたんですけど、タイ・フェスに行く子は本当に多い。

原田　（笑）。タイには行かないけどタイ・フェスには行く。ドイツには行かないけど、オクトーバーフェストには行くさとり世代。ここ数年、こうした海外フェスが都内でかなり開催されるようになってきていて、本当にたくさんの若者がそこに行くようになってきているね。普段、ビールが嫌いで飲まないと言っている若者も、「オクトーバーフェストでいろんな種類のビールを飲んでます！」って楽しそうにつぶやいてるもんね。となると、「既視感」を超えるものはやっぱりあって、さとり世代にも「わざわざ行ってみたい」と思わせる場所を作り出すことは可能だし、「飲みたい」と思わせる瞬間を作り出すことも可能ということだよね。日本が高齢化し過ぎてしまい、高齢者の人口ボリュームが多くなっているので、この20年近く、日本企業の多くがきちんと若者向けのマーケティングをしてこなかった。その怠慢をこのことが象徴しているかもしれないね。まあ、お陰で大変ありがたいことに、今、若者研には本当にいろいろな企業さんから、マーケティング施策立案や商品開発等々のご依頼が増えているんだけども。

早稲田大・3年・男　お陰で原田さんに酷使され、僕らは死にそうになってる（笑）。

原田　おいおい。

早稲田大・3年・男　嘘ですよ。感謝してますよ。普通の学生やインターンじゃ絶対に体験できない大きな仕事に参加させてもらって、たくさんの経験をさせてもらっています。

原田　ひねくれ者の君に素直に感謝されると、なんか、気まずい（笑）。

大正大・3年・女　海外フェスについてですけど、食べ物ってその国の象徴じゃないですか。そういうのに行って、その国の食べ物を食べて、その国の雑貨とかを売っているのを見ると、行った気になって、もういいだろうみたいな学生が多いのかなって思いました。

原田　「既視感」だね。外国で食べる日本食が日本よりまずいように、タイ・フェスで食べるタイ料理よりも、タイのおいしい店のタイ料理の方がおいしいのに。

慶應大・2年・女　皆、海外旅行に行って自分の感性を豊かにするよりも、就活のネタのための行動が多い。就活のためにボランティアをやるとか。海外留学が減っているのも、たった1年アメリカに留学したところで、就活で大して使えないし、コストもかかるし、そこまでしたくない。でも、海外経験がないのもまずいから、一応短期留学したり。

原田　さとり世代は「就職氷河期世代」だから、全ての行動原理が「就活のため」になっている、と。だから、大してアピールできない海外留学が減っている、と。でもさ、確かにたった1年アメリカに行きました、ってのは大したことじゃないかもしれないけど、今、多くの日本企業は東南アジアを見ているわけじゃない？　だったら、ベトナムに1年間留学しました、ってのは価値があることだと思うのだけど？　アメリカに1年行った日本人はたくさんいるけど、ベトナムに1年行った日本人はまだ少ないでしょう？

慶應大・2年・女　アジアの時代だと言われるけど、アジアに興味を持っている人は少ないと思います。ボランティア好きは増えているのでカンボジアに行く人はいるかもしれないけど。

海外旅行より就活に役立つ「学生団体」

原田　ボランティア志向の強い子は、アジアを見る。でも、２０５０年には世界のＧＤＰに占めるアジアの割合は半分になるのに、まだ市場としてアジアを見ている学生は少ない。企業も「英語のできる人材を」って未だに欧州志向から抜けられないもんね。ところで、なんでそんなにボランティアに興味がある学生が増えているんだろう？　就活のため？　それとも使命感？

白百合女子大・4年・女　使命感とか自分の人間性を高めるとかじゃなくて、どこかで言えるものだからやってる。

原田　就活でのネタはもちろんのこと、コミュニケーションツールになるから、と？

慶應大・2年・女　私たちの世代を語るときのキーワードに、「ボランティア」とか「学生団体」とかが絶対あると思う。学生団体って、けっこう皆やっているんですよ。

原田　サークルと学生団体では、どう違うの？

慶應大・2年・女　基本的に、サークルはテニスみたいに、楽しくワイワイという感じ。学生団体はサークルと同じようなことなんだけど、例えば就活をサポートする学生団体とか、外国の子供に日本語を教える学生団体とか、そういう真面目な活動をするところを学生団体と言う。

白百合女子大・4年・女　真面目なことをしているアピールをするのが学生団体。自分、サークルやってますよりも、学生団体やってますのほうが、得をする機会が多い。

原田　ソーシャルメディアを使いこなすさとり世代は、人に何がPRできるかというところが行動原理になってる。そのうちの一つがボランティアだし、学生団体だとなっている。

慶應大・2年・女　さとり世代は、バランスのいい人になりたがっているのかなと思って。例えば、あの人はいつも遊んでばっかりいるよねって言われるのは嫌で、実は学生団体とかもやっていて真面目だし、本当にすごいよね、みたいに言われたい。

横浜国大・3年・女　私は学生団体に入っているのですけれど、就活に役立つから学生団体に入ろうと思って見学に来る人がいっぱいいると思う。でも、最後まで続けるんじゃなくて、辞める人もすごく多くて。そこの学生団体の活動をやりたいっていう人じゃなくて、就活で役立つからやろうかなという人は、入っても続かない……。

原田　いろんなことをやった方がPRネタをたくさん作れるから、一つの学生団体をずっとやり続ける必要はないんだろうね。

横浜国大・3年・女　本当にそう。サークル感覚で、学生団体に気軽に入って、雰囲気がわかって、面倒臭くなったら辞めて。でも、入ったことは事実だから、就活であったり、その後の話のネタで自分のアピールポイントに使えるのかなと。

原田　それって学歴詐称と一緒じゃない？　学生団体詐称。そんな嘘のネタで企業が若者を採用しているのだとしたら、その企業に未来はないかもしれないね。ソーシャルメディア時代だから、皆周りに自分をPRしなきゃいけないプレッシャーが大きくなっているし、就職氷河期だから、就活のネタを作るために、学生団体に入りたがる人が増えている。

早稲田大・3年・男　学生団体とサークルの違いって、発信力の強さの違いなのかな。サークルって自分たちで楽しんでるだけだけれど、学生団体は社会に向けて発信している。サークルと一緒にしないで欲しい、みたいなプライドも学生団体にはある。

原田　話を戻すと、社会活動を行う学生団体が増えて、就活ネタがそこでできるから、わざわざ海外に行かなくなった、と？

横浜国大・3年・女　あとは、海外に行って思うのは、結局言葉が違うだけで、基本的に日本と一緒かなと。グーグルマップとかも海外で使えるし、Ｗｉ－Ｆｉもホテルで使えるし。昔は海外へ行っちゃうと、全く日本と切り離されたんだろうけど。

原田　どこへ行っても日本と同じようなライフスタイルを送れるようになったから、ますますわざわざ海外に行く必要がなくなっている、と？

横浜国大・3年・女　旅行している感じというのが、あまり感じられなくなっているんじゃないかなと。

原田　昔と比べると確かにそうかもね。非日常感が得られるのって、ウユニ塩湖とかまで行かないとなくなっているのかもね。

イッキ飲みもコールも禁止

バブル世代編集者　若者のお酒離れについて聞きたいんですが、今でもイッキ飲みってあるんですか？

専修大・3年・男　一杯目はグラスでビールなんで、それはイッキで空ける。その後からは、ちょっとずつでもいいみたいな。

原田　君は体育会サークルだからね。今はグラス一杯のイッキも減ってるんじゃないかな。

さとり世代一同　確かにそう。

原田　体育会サークルでさえ、グラスイッキって、なんか、切ない気もするけど……。

早稲田大・3年・男　「飲みサー（飲み会サークル）」はめっちゃイッキしてます。

バブル世代編集者　飲みサーって、昔はそんなのなかったですね。

立教大・4年・女　なんかスキーサークルなんですよ、名目は。でも、スキーやってない。

原田　そういうサークルが多いんですよ。昔も多少はあったけど。

立教大・4年・女　でも実際は安い焼酎《しょうちゅう》でどれだけ酔っ払えるかみたいなことしかやってない。

原田　飲みサーだけが昔の学生と変わらない飲み方をしている。

早稲田大・1年・男　あるサークルの新歓コンパに行ったんですけど、そこで乾杯とは杯を乾かすことだとかといって飲まされた。そういうのが嫌でそのサークルは入らなかった。

原田　昔はそんなサークルばっかだったけど、今はそういうとこは、部員が集まらない。

ICU・2年・女　私は、早稲田の野球サークルのマネージャーをやってるんですけど、その新歓コンパで、2年生以上の人が新入生を楽しませるパフォーマンスとしてイッキ飲みをまわしていってた。

原田　年上が年下のために飲む優しい時代（笑）。実は僕、大学1年生のときに、テニスサークルの新歓コンパで、急性アルコール中毒で運ばれた。渋谷のちとせ会館で。当時の慶應生の典型パターンで、かなり恥ずかしい。当時は、やっぱり年下が飲まされていたけどね。

中央大・3年・女　うちはテニサー（テニスサークル）なんだけど、完全にコールもゲームも禁止。ゲームなんて始めたら先輩がキレ出す。うちは飲みが苦手な子のためのサークルだって。

中央大・3年・女　私のサークルも新歓のときは、飲ませないことを売りにしてます。

原田　飲みを禁止することによって人気を取ろうとするサークルが多いんだね。

慶應大・3年・女　うちの大学で一番大きいフットサルサークルがあって、新入生も50人とか入ってくるんですけど、そこもコール禁止。

原田　昔はテニサーと言えばコールだったけど、いつからコール禁止が生まれたんだろう？

中央大・3年・女　普通に犯罪だからだと思うんですけど（笑）。新入生は、本当は年齢的に飲んじゃいけないし。そういうのに真剣に国が取り組むようになったっていうか。今までは許容されていたのが、何人か死んじゃったりしたし、ヤバイぞってなった。

専修大・3年・男　大学の保健のガイダンスとかでイッキ飲みは体に良くないんだよみたいなものがあったりするので。

中央大・3年・女　昔は居酒屋にカクテルとかサワーとかはあったんですか？

原田　もちろん。でも、サークルでは「まずはビール」が定番だったよね。女の子も、例えばサークルに１００人ぐらいいたら、１人２人ぐらいが、私ビール飲めない、みたいに言って、うわっ、こいつ、マジ寒いなって周りに心の奥では思われていた気がする。

中央大・3年・女　女の子もビールなんですか？

原田　そりゃ、基本的にはそうでしょう。みんなビールだったら早く乾杯できるけど、数人が違うものを頼んだら、出てくるタイミングに時差が出て、乾杯が遅れちゃうじゃない。本当はビールの味が嫌いな人でも、集団の輪を乱さないために、まずはビールを飲んでいたと思う。

慶應大・2年・女　人数の多い飲み会でも少ない飲み会でも、先輩が「ビールじゃない人いる？」って聞いてくださるのが今は普通です。

原田　まあ、昔もそういうところはあっただろうけど、主流ではなかったかもしれないね。やっぱり、年上が優しくなっているんだね。下に飲ませるよりも自分たちが飲むとか、飲み物の希望を聞いてくれたりとか。

慶應大・2年・女　サークルの活動を停止されちゃったりするんですよ、何か問題が起こると。なので、上級生は下級生に優しくするっていう。

早稲田大・3年・男　新入生のときに先輩からイッキしろとかって言われて、楽しかったですか？　飲まされて、嫌だなとかって思わなかったんですか？

原田　僕はお酒が強い方だけど、お酒が苦手な人は、そりゃ嫌だったと思うよ。でも、まあ、それが普通だったから。少なくとも男子は。会社に内定したときに、テレビ局に入った大学の先輩がお祝いしてやるって言ってくれて、高いバーに連れて行かれて、90度のお酒をひたすら飲まされて、朝起きたら道路だったことがある（笑）。こんなの、いいわけないじゃん。

早稲田大・3年・男　イッキしろぐらいはいいけど、救急車を呼ぶぐらいやっちゃうっていうのは減っていると思います。なんでやられて嫌だったことを下にやっちゃうのかな？

中央大・3年・女　うちのサークルだと、誰かを潰《つぶ》したら、周りから超非難されます。

原田　そりゃ、お酒を飲んで、はじけて、という文化が廃れるわけだ。モラルが強くなっているとも言えるし、監視社会になっている、とも言える。

中央大・3年・女　一部がめちゃくちゃ羽目を外して、次の日、すごい部長に怒られるみたいな感じです、うちのサークルは。

早稲田大・1年・男　潰れちゃった人がいたときに、さっきの原田さんみたいに、道に置いてけぼりにして放っておくようなことを皆しない。ちゃんと介抱して水とかバーッとやって、ある程度のケアをするんで。でも、ケアは面倒。だから、潰さないで楽しく過ごす。

早稲田の柑橘系はヤバい？

早稲田大・3年・男　僕が早稲田に入ったときに、「柑橘《かんきつ》系のサークルはすごい飲ませるサークルばかりだからヤバいよ」って話があったんです。

原田　柑橘系？

早稲田大・3年・男　早稲田に限った話かもしれないですけど、例えばオレンジとかレモンとかライムとか入った名前のサークルが柑橘系。これらが飲まされサークルだからヤバイみたいな話で敬遠されて、もう誰も人が来ない。

専修大・3年・男　うちの大学では柑橘系が安全と言われています。

原田　うける（笑）。大学によって違うんだ。柑橘系と聞いても必ずしもビビってはいけない。

早稲田大・3年・男　あと、昔に比べると、きっと今は飲み会の規模が小さくなってきているのかなと。昔だとサークル全員で飲みに行くとか、20人ぐらいの飲み会がすごくあったイメージなんですけど、今だったらその20人の中の4人ずつで飲みに行くとか。4人でイッキ飲みとかコールしてもそんな楽しくもないし。

原田　へー。何で飲み会の単位が小さくなっているんだろう？

早稲田大・3年・男　大人数のサークルの中で、ラインのグループじゃないですけど、なんかちっちゃいちっちゃいコミュニティがたくさんあるから、小さい飲み会が多くなっているんじゃないかなと思います。

原田　大きなサークルでも、ラインの普及に伴って、小分けのグループみたいなのがたくさんできるようになっている、と。

清泉女子大・3年・女　私が入っているサークルは、合宿ではガンガンコールとかかけるんですけど、居酒屋で飲むときは、周りの目が気になってやってない。

原田　さとり世代が、お店の空気を読むようになったので、だからお酒の量も減った説。

早稲田大・3年・男　この前ちょっと怖いなと思ったのが、自分のサークルの評判を気にするあまり、飲み会でも安全を選ぶようになっていること。SNSで、噂がすぐに広まってしまうから。サークルですごく飲ませる飲み会をやっていたとしたら、隣の席にいたほかのサークルとかがそれを写真で撮って、ヤバいサークルだよとか広めたり。監視的になってきている。

慶應大・3年・女　羽目を外すと、その場にいた飲んでなかった子たちに、あの子ヤバイみたいなことを広められちゃう。久しぶりに会った友達に、なんか最近飲み会ではっちゃけてるらしいじゃん、みたいなことを言われたり。全然私と仲良くない子もそういうことを知ってたりとかして。誰が見ているかわかんないからなんか飲まなくなってきているっていうのあるかなって。

原田　まさにソーシャルメディア村社会だね。

音楽はユーチューブで満足

原田　この章では、若者の消費の話をしているわけだけど、オンラインショッピングはどれくらいしているの？

専修大・３年・男　教科書とか買わなきゃいけないけど、学校で買うと定価の10％オフぐらいまでしか下がらないんで、アマゾンの中古で１円とかで買う。プラス送料で２５０円とかなんですけど。

慶應大・２年・男　原田さんの『情報病』（三浦《みうら》展《あつし》さんとの共著、角川書店）も、ネットで１円で売られていました（笑）。

バブル世代編集者　その本の編集担当、僕です（苦笑）。

慶應大・３年・女　洋服とかは、ネットで見て、でも、試着しないとやっぱり恐くて買えないんで、あれいいな、これいいなっていうのを目星つけて、お店に足を運ぶ。本に関しては、どこで買っても同じじゃないですか。なので、ネットで買う。

中央大・３年・女　私はお金を払うの面倒くさいから、ネットショッピングはしない。

早稲田大・４年・男　いや、僕、マジ使ってますよ、アマゾン。

ICU・2年・女　家電は絶対ネットのほうが安いのでネットで買いますね。

中央大・3年・女　私の地元は高知県で、ずっと高知から出てない女の子に、服とかどうやって買っているかを聞いたことがあるんですけど、まずはネットで見て、高知に売ってないものはもちろんネットで買い、売っているものだったら、お店に足を運んで買うみたい。２０００円以下だったら、迷わずネットで買うらしい。それ以上するものだったら、ちょっとほかと検討してから買うとか、店に行ってみて、ネットのほうが安ければネットで買うとか。地方にいたら買えないものがあるので、そういうのはみんなネットで買っていると思う。

原田　確かに僕がさとり世代にインタビューしていても、２０００円以下とか１０００円以下とか、安いものだったら迷わずネットで買うという人が多いね。あまり高額消費は行われない。また、最近は、スマホからの利用も増えている。それと、地方の感度の高いさとり世代のほうが、物理的にモノに満たされていないせいか、オンラインショッピングに熱心。

バブル世代編集者　音楽は、ＣＤを買うのか、ダウンロードなのか、どっちなんですかね？

専修大・3年・男　僕は借りてきます。ツタヤで。ｉＴｕｎｅｓだと、クレジットカードを登録したり、面倒くさかったりするんで。学校の帰りとかに借りて、帰ってパソコンに入れて、また学校に行くときに返してっていう感じ。

原田　クレジットカードを持ってない学生は本当に多いよね。

武蔵野美術大・４年・女　音質は落ちるけど、ユーチューブで無料で聴けちゃうから、お金払わないほうがいいじゃんっていう子はけっこういますね。

東京女子大・２年・女　私、好きなアーティストだったら、ＣＤを絶対に買います。田村ゆかりさんという声優さんが好きなんですけど。そっち系のＣＤって、特典が付くものが多いので。ブロマイドとかクリアファイルとか。そういうのが欲しいので絶対に買う。

早稲田大・２年・男　僕は、ＣＤを全部買います。そんなに好きじゃなくても、欲しいなと思ったら全部買っちゃう。並んだＣＤを見ているだけでも、ちょっといい気分になるっていうか。なんかこう、ダウンロードとかすると、空疎な感じがする。

早稲田大・２年・男　聴くだけだったら、別にユーチューブとかで十分なんですけど、好きなアーティストは、なんかずっと買ってるから買っちゃうみたいな。音楽聴くために買っているＣＤっていうのは実はあんまり多くないかもしれない。

原田　強烈に好きなアーティストがいる人、言わばオタクはきちんとＣＤにお金を払う、と。また、音楽好きの中でも、コレクション癖がある人が未だにいて、そういう人もちゃんとＣＤを買う。だとすると、アーティストは、もうマス受けを狙わないで、コアなファン向けに如何《いか》に作るかに注力すべきだね。あと、コレクション癖のある音楽好きを狙って、パッケージデザインに注力すべきかもしれないね。

多摩大・4年・男　僕は、ツタヤで借ります。店員さんのコメントが書いてあるPOPを見て、それを見て、あっ、これ良さそうだなっていうのを1回聴いて、2～3曲好きだったら借りる。

中央大・3年・女　私は洋楽しか聴かなくて、全然聞き流すだけでいいんですよ。だから、ネットラジオっていう、アプリみたいなのがあるんですけど、それで常に新しいものを聞き流す。

早稲田大・3年・男　僕みたいな情弱はツタヤ行ってますね。僕らは、ユーチューブからの曲の落とし方も知らないし、正直言って、iTunesからの買い方もよく分かんないんで。

原田　多少ネットスキルのある子たちは、ただで聴く方法を知っていたりする。情弱の子は、昔と変わらず、借りたり買ったり、と。だとすると、アーティストは、情弱向けに曲を作らないといけないね。

バブル世代編集者　昔は、オーディオマニアみたいなのがいて、ハードにこだわる人がけっこういたんですよ。

原田　ステレオとかね。そもそもステレオを持っている人？

白百合女子大・4年・女　ステレオって何ですか？

慶應大・2年・男　ステレオわかんない。

バブル世代編集者　ステレオがわからない……衝撃的ですね。

清泉女子大・2年・女　ステレオとかよくわかんないですけど、イヤホンにこだわっている人はいますね。

多摩大・4年・男　けっこう高いの買ったりしているよね。

慶應大・2年・男　モンスターとかのビーツっていうやつは2万から3万ぐらいするし。

武蔵野美術大・4年・女　音楽はステレオとかでおうちで聴くものじゃなくて、ｉＰｏｄとかで外で聴くのが主流になっている気がする。

さとり世代にとってコスパを超えるモノとは？

バブル世代編集者　さとり世代の消費の特徴は、さっきから出てきているように、なんと言っても「コスパ」じゃないですか。逆にコスパ度外視で買うモノってあるんですか？

清泉女子大・2年・女　私は、交通費って基本的に気にしないですね。例えば、家からどっかに出かけるときに、定期券の範囲内だからと、わざわざ遠回りするよりも、お金がかかってもいいから、短い時間で行きたいと思う。学校に遅刻しそうなときは、すごい頑張って走るとかじゃなくて、ちょっとタクシー使っちゃおうかなとか思ったりはします。

早稲田大・4年・男　僕は、人の誕生日のプレゼントとかかなと思うんですけど。毎年、僕らで原田さんの誕生日祝いをしてるじゃないですか。あれって学生からしたら相当お金を使ってるんですよ。シャンパン頼んでパーンと飲んだりとか、絵を贈ってみたいな。よく考えるとすごくコスパ悪いんですけど、なんか「ありがとう」と言われるとすごくうれしくて。

桃山学院大・4年・女　私もめっちゃ仲いい友達なら、お金かけますね。1カ月前くらいから手の込んだプレゼントを作って、行きたがってた場所をリサーチして、最後に行く居酒屋でサプライズの予約をして。その分私にも同等以上のものが返ってきます。

清泉女子大・2年・女　口紅とかだったら、なんか普通にドラッグストアに行って買うんじゃなく、伊勢丹《いせたん》の1階の化粧品売り場に行って、海外の高級ブランド品とか見たい。1本3000円とかするんですけど。

横浜国大・3年・女　私は、コンタクトとかコンタクトのケア用品とか歯ブラシ、歯みがき粉とか、そういうモノはコスパ度外視。

立教大・4年・女　私はネイル。多分「ホットペッパービューティー」とかで探せば、毎回初回料金ですごい安くできたりするんですけど、それを探すのが面倒くさいし、同じ人にやってもらいたいから、いつも同じお店に行って、1カ月に1回1万ちょっと飛ぶ。

原田　消費離れしているさとり世代でも、強烈に好きなモノとか好きなジャンルについては、採算度外視だ、と。強烈に好きなモノ自体がある人が全体的には減っている、あるいは、趣味・嗜好が多様化していて、好きなモノやジャンルが重なる人が少ない、というのがさとり世代の消費離れの真相の一つかもしれないね。新商品を出せば買ってくれていたかつての若者と違い、さとり世代は、強烈に好きになってもらわないと買ってくれないから、マーケティングサイドとしても、過去以上に知恵を絞らないといけなくなっている。

第2章では、消費をしないと言われるさとり世代の「消費」について皆と議論をしました。ここでは様々な消費のヒントが議論されているので、是非、企業の方には出てきたキーワードを拾っていただきたいと思います。

一番重要なのは、ソーシャルメディアが彼らの消費を大幅に変えてしまったということです。もちろん、長引く不景気により、お金自体がなくなっていること、世代論的に見れば、生まれた時点では最も裕福な世代であったこと（だから、もともとお金にがつがつしていない）、「安かろうそこそこ良かろう」のデフレ商品・サービスに触れて育ってきたので、お金を出さなくてもある程度満足した消費ができてしまっていること、なども彼らの消費スタイルに影響を与えているとは思います。しかし、それ以上に、ソーシャルメディアの影響が大きい、ということがわかってきました。

例えば、ソーシャルメディアの普及により、さとり世代の人間関係数やコミュニティ数が増えたので、彼らは男同士でもカフェをハシゴするなどの「お付き合い消費」がとても増えています。いわば「少額ちょこちょこ消費」が増えてしまっています。このため、消費を切り詰め、ひたすら貯金をし、車を買う、海外旅行に行く、などといったかつての「高額単品消費」を行いにくくなっています。また、ソーシャルメディアにより、様々な口コミ情報が得られるようになっているので、買わなくても、行かなくても、わかったような気になってしまう。さとり世代はいわば「既視感」に覆われていて、これも彼らの消費の阻害要因になっていることが分かりました。

ただし、ソーシャルメディアは、彼らの消費にマイナスの影響だけをもたらしているわけではありません。例えば、ソーシャルメディア上で友達から「いいね！」を貰いたいから消費をするといった「いいね!消費」。ソーシャルメディアでつながったたくさんの友達と行う「思い出消費」や「経験消費」。友達に笑ってもらうための「ネタ消費」などがこれにあたります。企業側はソーシャルメディアによって生み出されるさとり世代の新しい消費に着目し、新たなマーケティングの機会の創出をしていかないといけません。

第3章　さとり世代は恋より友達を選ぶ

恋仲になるよりもユルいつながりのままで

原田　さて、この章ではさとり世代の恋愛・結婚観について議論していきましょう。まずは恋愛から。ある調査では、さとり世代近辺の男性の7割が恋人がいないと答えているし、「草食男子」なんて言葉もあるけど、これについてはどう思う？

白百合女子大・4年・女　恋愛、難しいです。

原田　白百合の女子大生は、高望みしているからじゃない？（笑）

白百合女子大・4年・女　してないですよ（笑）。普通に幸せになりたいだけなのに。私の地元の仙台よりも、東京の方が恋愛しにくいと思う。

原田　へえ、仙台の方が恋愛がしやすい？　普通に考えると、東京のほうが人が多いから、それだけ出会う機会も増えるような気がするけど？

白百合女子大・4年・女　地元の友達を見ると、本当に普通だなと思う女子でも、全然高スペックな彼がいたり。東京にいると人が多い分、他の人と比べちゃうというか、異性に関するチェック項目数が増える気がするんですよ。

中央大・3年・女　私も長崎出身なのですけれど、地元だと地元同士で意外とすぐにくっついたりして。

原田　じゃあ、若者の恋愛離れって、大都市の傾向なのかもしれないね。

早稲田大・３年・男　けっこう僕、女子に萎《な》えちゃっているので、シュンとしちゃうというか。女の子たちが語る理想の男性像の話を聞いて、女の子が強いっていうか。条件がいっぱいあるとか、そういうのを聞いていると……どうしたらいいんだろうって。

早稲田大・４年・男　男はけっこうシュンとしちゃう。一体なにを求めているのだろうって。

早稲田大・３年・男　戦い方がわからない（笑）。

早稲田大・４年・男　引けばいいのか、強くいけばいいのか。

原田　女の子の相手への条件がうるさくなったり、理想が高くなったから、恋愛ができなくなったという、女性悪玉説（笑）。

早稲田大・３年・男　女の子のわがままな意見が、男子にも聞こえてくるようになったんじゃないですかね。

原田　昔は閉ざされた女子会で、好き勝手言ってたのが、今はソーシャルメディアによって筒抜けになった、と。

中央大・３年・男　大学へ入ってビックリしたのは、男女のグループで、恋愛をしないという暗黙のルールみたいなものがあること。絶対恋愛には発展させないでよね。いろいろ面倒臭いし。みたいな暗黙のルールが、各グループにあるせいで、本来あったはずのチャンスが埋もれちゃう。

原田　なんなの？　暗黙のルールって？

中央大・3年・男　恋仲にならずに、ユルいつながりのままで僕らはいよう、みたいな。

原田　かつてであれば、仮にそんな暗黙のルールがあっても、それを果敢に打ち破ろうとする男子が出てきたはず。昔だって、例えばサークル内で恋仲になって、ふられたり、別れたりするよりも、こじれないほうがいいに決まってたのに、それでも恋の衝動が抑えられなかったわけじゃない？　ソーシャルメディアでつながり、コミュニティが増え、変な口説き方や変な別れ方をしたら噂が筒抜けになっちゃうからなのかな？

中央大・3年・男　それはあると思います。

原田　じゃあ、さとり世代で遊んでいるやつっていうのは、一体どういう神経をしているんだろう？　クラブナンパの王者のS君はどうなの？　この恋のしにくいソーシャルメディアのしがらみの中で、彼女が何人もいるんでしょ？

多摩大・4年・男　いやいや、何人もいないですよ。今は一人です。でもあと腐《くさ》れないほうが楽だなと、遊んでいたときは思ってました。クラブとか行っても、フェイスブックとかで共通の知り合いがいるのがわかるので、ここに手を出したら、ここらへんに広まっちゃうなっていうのがすぐわかっちゃうのが嫌です。

原田　逆に君は、恋の武勇伝を周りに語ったりしないの？

多摩大・４年・男　しないです。嫌われるじゃないですか。

むしろなんでそんなに彼女が欲しいんですか？

白百合女子大・４年・女　私が思うに、昔よりも周りの人の恋愛がすごく見れるようになったんです。ツイッターとかフェイスブックにカップルがよく写真を載せるじゃないですか。恋をしている女性から、彼氏からこういうものを貰って、こういうことをしてもらってという話を刷り込まれる。そういう話を聞いていると、どんどん自分の中で理想のハードルが高くなる。

原田　「女子会」とか「男子会」ってキーワードが出てきたのは、この数年なのだけれど、なんで同性同士がこんなに仲良くなったんだろう？

早稲田大・３年・男　ＳＮＳがどんどん普及していって、他の大学の女の子とかとも関わる機会って増えたと思うんですよ。その反動として、男性は男性で集まるようになった。

原田　なんで男が女と接する機会が増えると、同性同士が集まるようになるんだろう？

早稲田大・３年・男　ちょっと疲れちゃうから。

原田　異性の友達との関係が増えて、そこで気を遣ったりして疲れちゃうから、居心地の良い同性の方向に向かっている、と？

早稲田大・3年・男　たぶん異性といるより、同性といるほうが楽しいと思うんですよ。

原田　本音では、ってことね。異性との距離が遠かった時代は、異性に対してロマンや妄想を抱きやすかったけど、さとり世代のように異性と接する機会が増え、実際に接してみたら、面倒だということがわかってしまった、と。

早稲田大・3年・男　だから、なんのために異性と遊ばなきゃいけないのかがわからない。

原田　異性と付き合うのが義務になっている（笑）。こりゃ、少子化は更に進むかもしれないし、肉食系のおじ様がモテモテの時代がやってきそうだね。

早稲田大・4年・男　バブルの頃みたいに赤プリに泊まるとか、セックスしたいことが異性と付き合う理由ならまだわかる。でも、じゃあ、セックスをそこまでしたくないやつは、同性といるほうを選択してもおかしくないんじゃないですか？

早稲田大・3年・男　そもそもわからないですよね、なんでそんなに異性と遊びたいのって。女性をセックスの対象としか見ていないじゃないですか？

中央大・3年・男　男といるほうが楽しくない？

早稲田大・2年・男　女の子の意見が聞こえてきて怖いから男と一緒にいる。

早稲田大・3年・男　女の子でも、一緒にいて、すごく楽しいなと思える子は、全然一緒にいたりするんですよ。でも、確率的には、男といるほうが楽しい。

原田　すごいね、男子の女子への拒絶っぷり（笑）。1歳のうちの娘の未来が心配。昔の父親の心配は、「うちの娘が変な男に引っかかったらどうしよう」だったけど、これからは「うちの娘に男子が寄ってこず、とうとう女子とルームシェアを始め、男なんていらないって言い始めた。孫の顔を永遠に見ることができなかったらどうしよう」みたいになるんだろうか。でもさ、若者研の男子はけっこうイケメンが多いから、モテなくて男子と固まっているんじゃない。「居心地の良さ」が最上位概念になっているから、同性へ向かっているんだね。

早稲田大・3年・男　だから逆に聞きたいというか、なんでそんなに異性と遊んでいたんですか？

原田　それに対してどうですか、おじ様達のご意見は？　そもそもそんなに女性と遊ぶ理由がどこにあるのかっていう、まさかの切り返し（笑）。

バブル世代編集者　それは本能としか言いようがないな。じゃあ、彼女がいないとき、淋《さび》しいと思わない？

早稲田大・3年・男　思わないですね。

バブル世代編集者　彼女欲しいなとも思わない？

早稲田大・3年・男　うん。

バブル世代編集者　ビックリだ。

原田　手の施しようがない重病患者を前にした医者のような顔をするバブル世代（笑）。

早稲田大・2年・男　さっき出てきたみたいに暗黙のルールで、付き合っちゃダメみたいなのがグループにあったりするし。

バブル世代編集者　それじゃ何のためのサークルなのかわからない。違うのか、そこが。

早稲田大・3年・男　メリット、デメリットで考えると、恋愛のメリットがよくわからない。

原田　メリットは、イチャイチャできるとか。

早稲田大・3年・男　そのぐらいじゃないですか？

原田　大きいじゃん、それ！　そんなことない？

早稲田大・3年・男　金払えばできるし。

原田　金払っても、愛のあるチューはできないじゃない？

早稲田大・3年・男　そこを求めるか求めないか。

原田　求めないの？　愛なんてクソ食らえってか？

早稲田大・3年・男　そこまでは言わないですけれど。

原田　なんでそういう考え方になったの？

早稲田大・３年・男　無気力。彼女いたほうが趣味もできなくなるし、いろいろ……。

バブル世代編集者　ビックリ過ぎますね。

出会いは増えるも、恋愛は減る

立教大・４年・女　恋愛よりも楽しいと思えることが自分の中ではある。友達なり、趣味なり。なんか恋人がいることによって、それが邪魔されるっていう風に考える人は多い。

慶應大・２年・女　お金も絡んでるのかなと思います。そこにかけるコストと時間がない。

原田　恋愛にお金をかけるぐらいなら、友達のほうにかけたい、と。人間関係数が増えちゃったから、一人の人にお金と時間を使うと効率が悪い。コスパ恋愛。

早稲田大・４年・男　彼女ができたから付き合いが悪くなったとか、同性に言われるのが嫌なんで。だったら友達との調和を重んじる。

原田　女性は男性の目ではなく、女性の目を主に意識するようになり、男性も男性の目を主に意識するようになってきているのかもしれないね。

立教大・４年・女　やっぱりＳＮＳとかで、どこかで彼が遊んでてとか、そういう情報が全部はいってくるし、自分の情報も知られるのも嫌だしみたいな。そういうのが面倒臭いから、学生のうちは不特定多数で遊んでればいいかなみたいな感じ。

原田　普通に考えたら、ソーシャルメディアが普及したから、異性との出会いが多くなって、恋愛しまくりになるはずだったけど、逆にしにくくなっちゃってる。

慶應大・2年・女　誰かと出会ったときも、友達とつながってたりするので面倒臭い。

原田　なるほど。人と人がつながっちゃったから、彼が誰かの元彼だったとか、誰と誰がデートに行ったことがあるかとか、そういうのが全てわかって萎えちゃう。

慶應大・2年・女　傷つくのが嫌だっていうのはよく聞く。別に今に限ったことじゃないかもしれないけど、今のほうがたぶんそう感じる人は多いのかなと。ぬくぬくした環境で育ってきたから、告白の失敗への恐怖が強い。今の人のほうがちょっとメンタルが弱いのかな。

早稲田大・4年・男　そもそもどこからが付き合ってるのかがわからない。

原田　友達同士でもエッチしちゃうのが普通？

早稲田大・4年・男　いや、そういうわけじゃないですけど。女の子とSNSとかですぐに仲良くなっちゃうじゃないですか。2人でご飯食べに行こうとかすぐにできるじゃないですか。だからどこからが付き合うになるのかがわからないというのもあるんじゃないですか。

桃山学院大・4年・女　ソーシャルメディアの発達で気軽に連絡とかコミュニケーションが取れるから、「男の子との連絡手段をどうしよう！」みたいなドキドキ感が昔のようにはなくなってしまって、男女間の壁が低くなって「ただのお友達」っていうのが増えやすくなったんだと思います。

原田　昔は2人でご飯を食べに行くシーンを作ること自体に、ある程度の労力が必要だった。相手との連絡手段も固定電話しかなかったし、2人っきりで行こうって誘うってことはある程度意味深な行為だった。逆に言えば、2人でご飯を食べに行ければ、多少は脈アリだと判断できた。でも今は、相手の連絡先を知ることと、相手と連絡を取ることは簡単だから、2人でご飯に行くまでは容易にセッティングできるようになっている。そこで「好きです」って言ったら、「はあ？　あんた、そんなつもりだったの？　そんな素振り見せなかったじゃない！」ってビックリされちゃうと。

早稲田大・4年・男　ソーシャルメディアによって男女の交流が増えたので、それだけ気の合う女の人に出会う機会も増えている。だから、男女の友情も昔より成り立つようになっているのでは？

原田　男女の友情関係が成立するようになっているのだとすれば、それは進化だよね。僕の男子校時代、クラスメートの男臭い男子が、「世の中の彼女がいる全ての男に嫉妬《しっと》する」って名言を言って大笑いしたことを覚えているけど、そんなムラムラしたメンタルだけじゃ、男女がお互いからお互いの良いところを学べないもんね。でも、さとり世代は、それがやや進み過ぎちゃっているところはあるのかもしれないけどね。

ソーシャルメディアと女子会が男子を萎えさせる

早稲田大・4年・男　連絡が取りやすくなって男女が関係を作りやすくはなったんですけど、その代わり、いつも連絡が来て、束縛感が強くって嫌。

原田　付き合ったら地獄。ずっと束縛、監視されちゃうんだ。それが嫌で付き合わない人も多いみたいだもんね。

早稲田大・4年・男　どんどん連絡が来るし、ラインの既読機能も怖い。束縛感が嫌。

白百合女子大・4年・女　ツイッターとかフェイスブックをあまり更新しない彼氏は嫌。ばんばんやってほしい。

原田　監視しやすいから？（笑）

白百合女子大・4年・女　監視できたらしちゃうよね。

立教大・4年・女　わかるー。

原田　監視する気まんまんだね（笑）。

早稲田大・4年・男　昔より人間関係に気を遣うことが多くなっているので、男子会のメンバーは毎回同じです。男子の中でも気を遣う友達っていると思うんですけど、そこに異性を入れるともっと気を遣わなくちゃいけない。気心が知れていることが男子会では大事だから、いつも同じメンバー。さとり世代は、あまり本音を出すところがなくなっているので。

原田　友達の数やコミュニティが増え、社交辞令的な人間関係がすごく増えたから、仲のいい、本音を出せる会がすごく重要になってきていて、それが男子会の成り立ちの理由ではないかと？

立教大・4年・女　女子会でもいくつかのパターンがあって、気心の知れたメンバーとの居心地の良さを求める女子会もあるし、噂話が好きな女子が、人のネタを持って集まって楽しむ女子会もある。なになにちゃん好きな子がいるらしいよとか、別れたらしいよとかって情報交換する女子会と、本音で自分の恋愛はこうなんだよねって、他にはばらして欲しくない情報を出し合う女子会みたいなのがあって。本音で話すときは、噂好きな子は呼ばない。

原田　情報交換女子会もあるんだね。怖いな、それ（笑）。

早稲田大・4年・男　女子会でどういう話をしてるかっていうのを、ネットとかで見たり、直接その場に居合わせたりとかで、女子のえぐい話を聞いて、こんなことを考えてるんだって怖くなる。

原田　政府は早く「束縛禁止令」と「女子会禁止令」を出した方がいいかもね（笑）。

さとり世代女子は戦略的保守化

原田　男子は「草食男子」って言われるのに、女子は「肉食女子」って言われるね。実際、女子が強くなっているっていうのは本当なんだろうか？

立教大・4年・女　うん。なんか女の子が怖いみたいに思ってる男子は多いと思うんですよ。女の子、どんどんどんどん強くなってる。だから、男の人がどんどんどんどん引いていく。

白百合女子大・4年・女　私もそう思う。彼氏と付き合ってても、女の子が主導権握ってるっていうのが多い。

原田　若者研にいる女子は、わりとたくましい子が多いじゃない？　人前でも平気で鼻からタバコの煙を人前で出すような子も多いじゃない（笑）。でも、さとり世代を全体的に見ると、保守化してる、って言われているんだよ。今の三十代は女子が強いって言われた世代。たくましい女性を描いた『働きマン』（日本テレビ系）、仕事は頑張るけど恋愛には手を抜く「干物女」を描いた『ホタルノヒカリ』（日本テレビ系）。ああいったエンタメは、全部主役が、団塊ジュニアからポスト団塊ジュニアあたりの女性なんだよね。今年流行《はや》ったドラマの、仕事は頑張るけど恋愛をしない「おやじ女子」を描いた『ラスト・シンデレラ』（フジテレビ系）のヒロインの篠原涼子《しのはらりょうこ》は39歳の設定で団塊ジュニア。こうした強い三十代女子に対し、さとり世代女子は、もう少し保守的で柔らかくなっていると一般的には言われているんだけども？

立教大・４年・女　さとり世代女子は、要領のいい強さ。バリバリ働いて、男の人と競って勝ちたいっていう強さが団塊ジュニア女子だとしたら、一般職でずる賢く生きていくのがさとり世代女子（笑）。男の人の前では女としても振る舞いながら、女子の前では吐き捨てるみたいな、そういうキャラの使い分けができる強さ。

原田　今、二十代女性の間で専業主婦志向が高まっている。同時に、最近では、一般職志向も高まっている、と言われている。これだけ政府が「男女参画社会の実現」と叫んでいるけど、さとり世代女子の間では、三十代女性にあったバリキャリ志向（バリバリのキャリア志向）の女子は減り、専業主婦や一般職になりたいと思う女性が増えている。この現象を一見すると、さとり世代の女子は保守化しているように見えるんだけど、さとり世代女子である君らの言い分としては、この「一見保守化傾向」は、逆に賢くなっている証《あかし》だ、と？

白百合女子大・４年・女　だって、バリキャリじゃ、幸せになれない。

原田　どうしてバリキャリじゃ幸せになれないの？

白百合女子大・４年・女　自分の母性ってやつを最大限使ってママになりたいし、バリキャリって結婚しにくいイメージが強い。婚期遅れて自分が女として問題があると周りに思われるのも嫌です。やっぱり温かい家庭を築いてママになってるほうが、幸せなイメージを持ってるからです。

原田　さとり世代の子を持つ母親は、専業主婦の比率が高かった世代の女性たち。だから、君らは専業主婦の恩恵を最も受けてきたと言っても良く、専業主婦が幸せのモデルなんだね。でも離婚率が相当高くなっているので、専業主婦も相当なリスクになってきているんだけど。

中央大・2年・女　『働きマン』みたいに恋愛が二の次だと、仕事している間はよくても、四十代、五十代になって、ふと気づいた時、家族がいなくてひとりぼっちだったら、さみしいんじゃないかな。バリバリ働いている女性はカッコいいけれど……ずっと働けるわけではないですし。

慶應大・3年・女　バリキャリが幸せになれない、とは思っていませんが、両立が大変だろうなとは思います。家庭と仕事の。そんなに苦労するならどちらか一択という話になって、やはり女性として幸せを求めたいので専業主婦志向になりがちっていうことなのかなと思います。

中央大・3年・女　バリキャリって二十代、三十代は自分のお金で好きなもの買えて、贅沢《ぜいたく》な生活ができるんでしょうけど、四十代、五十代になると女の幸せの指標が幸せな家庭を築けているかってことになるので、お金があるだけのバリキャリ女子は負け組になる。三十代で子供を育てながらゆるーく仕事を続けられて家計にも余裕がある、そんな人が一番勝ち組だと思う。

原田　『負け犬の遠吠《とおぼ》え』（日本テレビ系）とか『働きマン』とかを見て育ったさとり世代女子は、そういったものに描かれる女性像にネガティブな意識を持っている。男性と完全に同じように働き、家事も育児も完全に分担する、みたいな完全なる男女平等な家庭を思い描いてはいないんだね。若者研にいる、全国的に見たらたくましい女性たちからすらもこうした意見が多いのだから、さとり世代女子は全体的に保守化しているんだろうね。若者研で最もバリキャリ志向が強いKさんはどう？

慶應大・2年・女　原田さんから聞いたお話ですが、今の三十代の女性だと非正規雇用が結婚率が高く、正規雇用者は低い。男性はその逆だそう。女性は年収が高いと結婚しにくい。だから、バリキャリは結婚という幸せを手にしにくい。自分が三十代くらいになって結婚できない、それどころか彼氏がいなかったら、焦るだろうなと思います。さすがに四十代、五十代で独り身というのはつらいイメージがあります。周りの多くが家庭を築いている環境でしょうから。でも、私はバリキャリになりたいです。お金を稼ぎたいし、社会から必要とされたいし、地位も欲しいです。親に苦労をかけた分、お金を含めて恩返ししたいし、自分でも好き勝手にお金を使いたい。だから、私は学生のうちに結婚できそうな男性を摑《つか》まえておこうと思います（笑）。社会人になって、忙しくて恋愛をする暇もないくらい仕事に追われても、一緒にいてくれる人を、今のうちに。狭き門だろうが、幸せになれるバリキャリを目指してがんばります。

原田　たくましいね。バリキャリ、戦略的一般職、戦略的専業主婦。10年後、20年後、一体どのタイプの女性が、一番女性の幸せ像に近づいているか楽しみだね。

男の性欲はスマホで、女の寂しさは男友達で

中央大・3年・女　女性が強くなったんじゃなくて、男の子が弱くなってるんじゃないかと。私の周りでは彼氏が欲しいっていう女子は多いし、だけど、男の子にアプローチしても、2回ぐらいご飯行って、それで終わっちゃうみたいな。

中央大・3年・男　性欲満たすだけだったら、今はインターネットがあるじゃないですか。

原田　エロサイトができたから男子は草食化した（笑）。

中央大・3年・男　クオリティがクソ高いし、しかもお金もかからないから。

原田　昔のエロ本とかＡＶの子はあまり可愛くなかったけど、今はめっちゃ綺麗《きれい》な子が出てるから、現実よりそっちのほうがいいじゃんみたいな？

中央大・3年・男　だし、いつでも見れるし。コストもかからないし。

原田　スマホで見れちゃうし。

中央大・３年・男　自分の付き合った彼女がそういうのに出てるんじゃないかとか怖い（笑）。けっこう出てるじゃないですか、素人ものに可愛い子が。

原田　可愛い子をゲットしても、この子ひょっとしたら出てるのかもと不安になる？

中央大・３年・男　なんとなくもわっと思っちゃう。

多摩大・４年・男　フェイスブックで女の子のリア充写真とか見ちゃうと結構引く。男の子たちと楽しそうにしてるのを見ると、ハードル高そうだなって。

原田　この子いっぱい出会いありそうだなとか思っちゃう、と。

白百合女子大・４年・女　男の子自体が優しくなってる気がして。別に彼氏じゃなくても何でもしてくれる、みたいな。暇だからちょっと時間つぶしたいなと思ったら呼び出せる。

原田　ほいほい来てくれるんだ？

白百合女子大・４年・女　来てくれるし、別に彼氏じゃなくても何でもしてくれるから。文句も言わない。

原田　「御用聞き男子」。昔もアッシーとかメッシーとかあったけど、さとり世代の男子は全体的にそうなってきているのかもしれないね。しかも見返りを求めない（笑）。「都合の良い女」って言葉は昔からあったけど、さとり世代では「都合の良い男」が増えているんだ。

彼女の写真をSNSに上げるのはイタイ

中央大・3年・男　女子は普通に恋人との写真をフェイスブックにあげたりしますが、男子は彼女との写真を載せない人が多い。恋人自慢をしないって言うのが、さとり世代男子の特徴のような気がします。バブル期は、きっと彼女をアクセサリーのように考える人もいただろうし、もっと恋人自慢していたのでは。もしバブル期にSNSがあったら、可愛い子との写真をどれだけアップできるかで競い合っていたんじゃないでしょうか？

原田　僕はポスト団塊ジュニア世代だけど、もしSNSがあったら、彼女の写真をアップして、自慢しまくっていた人も多かったかもしれないね。または、さとり世代より肉食男子が多かったから、ソーシャルメディアにあげちゃうと、他の女子に見られて他の女子を口説けなくなる、という理由で、あえてアップしない人も多かったかもしれない。

バブル世代編集者　バブルのころはミスコンが全盛で、彼女がミスコンやイベントコンパニオン的なバイトをしてたりするとステイタスでしたね。

慶應大・2年・女　さとり世代の男子が、あまり彼女の写真をソーシャルメディアに載せないのは、載せない＝自慢したくない、ではなく、載せたら周りにどう見られるのか気にしてしまっているのだと思います。ソーシャルメディアでつながっている人たちは、必ずしも皆わかり合っているわけではないので。私の友人の男子で、彼女にぞっこんで、「いつメン」

にはのろけたりしているのですが、ソーシャルメディア上には載せません。

中央大・3年・男　それ！　正直、めっちゃ自慢したいんですけど、幸せアピールする写真を載せてウザがられたらどうしようとか、他の男子に点数付けられたらだるいなとかを気にして載せられないです。親しい友人には彼女といちゃついてる写真を送りつけるんですが。

原田　君らはとにかく、恋愛に限らず、「自慢」をしなくなったよね。「イタイ」って周りから思われたくない、って感覚が強くなっている。ソーシャルメディアで仲良くない人たちともたくさんつながり過ぎた結果だね。

早稲田大・3年・女　今で言う「イタイ」って感覚は、昔からあったんですか？　あったなら何て表現されていたんですか？

原田　君らも会社に入ればわかるけど、年齢が上であればあるほど、今の若者言葉で言うところの「イタイ」人たちが多いので、昔はそういう感覚自体、少なかったんだと思うよ。関西圏にはあったけど、君らのニュアンスと完全にイコールだったわけじゃないと思う。昔、アイドルの南野陽子《みなみのようこ》のエッセイを読んだ。多分、１９８０年代後半だったと思う。彼女は兵庫出身の関西人だから、東京に来た時に、男性たちが公衆の面前で花束を女性に贈る姿をたくさん目にして、なんてキザな男が多いんだろう、って驚いたんだって。今なら「イタイ男」と表現されていたかも。「キザ」だけが「イタイ」を表現し切れているとは思わないけど、こういった類《たぐい》の言葉で代替されていたんじゃないかな。

中央大・3年・男　なんで周りの目を気にせず生きていけるんだ。メンタル強過ぎません？

原田　田舎は村社会で人の目を気にしていると思う。でも、昔は地方から東京に出てきたら、あまりに人が多く、知らない人ばかりなので、周りの目を気にしなくて良くなった。例えば、君が今、いきなりミャンマーに行ったら、あまり人の目や周りを気にしないで自由な言動ができるでしょう？　今は地方から東京に出てきても、昔の友達ともソーシャルメディアでつながっているし、東京で会った人ともソーシャルメディアでつながり続けてしまうから、大都会・東京でも人の目を気にして、イタイ行為ができなくなってしまっている。そういった意味では、ソーシャルメディアの普及によって、最も変わったのは、東京かもしれない。昔の東京は周りの目を気にしなくて良い、逆に人間関係が希薄な「東京砂漠」だったけど、今はむしろ地方よりも周りの目を過剰に気にする「東京村」になってしまっている。

年上の「おやじ女子」が好き

原田　最近、さとり世代の男子で、年上女性が好き、という人が本当に多い。しかも、けっこう年が離れていても大丈夫、と答える人も多い。昔のように、男が年上じゃないとダメ、っていう固定観念が崩れて、自由で良い時代になったと言って良いかもしれない。ドラマ

『ラスト・シンデレラ』は、39歳の篠原涼子（劇中で40歳の誕生日を迎える）と二十代前半の三浦春馬《みうらはるま》が恋をするという話で、若年男子のニーズを反映している、或《ある》いは逆に、晩婚化・晩産化が進んでいる三十代、四十代女性の願望を反映している、と言えるかもしれない。

早稲田大・3年・男　『ラスト・シンデレラ』観ました。「おやじ女子」の篠原涼子、大好きです。恋愛から遠ざかり過ぎて恋愛の仕方が分からない。だから、男を上から見てくるようなところが無い。彼女に酷《ひど》いことをした三浦春馬のことを悪く言うシーンって一度もありませんよね。三浦春馬に好きって言われ、喜びを隠しきれないところとか可愛い。合鍵《あいかぎ》が欲しいって言われて喜んだりとか。

原田　さとり世代女子より中年女性の方が一巡してピュアになっているのかもしれないね。

早稲田大・3年・男　同世代の女子だと、僕なんかは疑っちゃうんですよね。夜景の見える新宿の高層ビルのレストランなんかに連れてっても、「こいつ格好つけてる」とか思ってるんだろうな、みたいな。篠原涼子は、相手が年下ってこともあって、おしゃれなお店に連れて行って欲しいとか、男としてこうあって欲しいってのはなく、相手と一緒にいるだけで幸せそう。だから、こうしなきゃいけないとか、こちらも考えずに済む。

原田　やっぱり、さとり世代男子は、「楽」ってのが最上位概念にくるのかね。とにかくプレッシャーが嫌なんだ。

早稲田大学3年・男　僕の周りにいる女の子たちは、実際のところ、そんなに馬鹿にした目で僕のことを見てるわけじゃないと思いますが、ビビりなさとり世代男子としては、そういう篠原涼子が魅力的に見えます。藤木《ふじき》直人《なおひと》が、元カノと踏ん切りをつけたときに、「気ぃ遣う相手はもうダメな。年取ったからかな。一緒にいて疲れない相手に限るな」というセリフを言いますが、僕は年取ってないけど既にこんな感じ。

原田　さとり世代男子は、既に中年の恋愛を求めている（笑）。でもさ、昔の女子より、さとり世代の女子は、恐らく男子に求めるものも少なくなってるじゃない？　バブルの頃の女性にとっての理想の男性は「3高」（高学歴、高身長、高収入）だったけど、さとり世代では「3低」（低リスク、低依存、低姿勢）になってる。

多摩大・4年・男　やっぱり同世代の女子は少し重いというか、わがままというか、やり取りが何かと大変です。その点、年上女性と付き合うのは、重くないですし楽です。わがままを言われても、年上女性ならなぜか可愛いと思えてしまいます。

早稲田大・3年・男　僕なんかは、見栄《みえ》を張るとか格好つける、っていうことが怖い。年上だと見栄を張らなくても良いから、居やすいんですかね。

原田　篠原涼子と本当に結婚できる？　君らと年が15歳以上も離れてるんだよ？

早稲田大・3年・男　現実的に考えると、このドラマの大塚《おおつか》寧々《ねね》のような専業主婦タイプを選ぶかな、と思います。恋愛と結婚って違うイメージなんですよね。多分恋愛で一緒にいるなら篠原涼子の方が可愛い。でも結婚するなら、家庭のことはちゃんとやってくれそうな大塚寧々タイプの同世代がいい。子供のこととかいろいろ考えると同世代の方が良い。

多摩大・４年・男　結婚対象にもなります。子供が産めそうであるならばです。

原田　ってことは、『ラスト・シンデレラ』の篠原涼子は、家事もできないし、年齢的に子供もでき難くなっているから、君らにとっては恋愛のみＯＫってことだね。中国では、結婚できない女子のことを「剰女」と呼ぶんだけど、いくらドラマで年上女性と年下男性の恋愛が描かれても、現実的にはこの「剰女現象」は、なかなか解消されないのかもしれないね。

子供をつくるのもコスパ発想

原田　子供は欲しいかどうか。欲しい人？　みんな子供は欲しいんだ？

専修大・３年・男　子供がスポーツをやってるのを見て、感動できる場面が多分多々あると思うので。

ＩＣＵ・２年・女　私は一人っ子なので、自分が死んだときに、お墓を守ってくれる人が必要。

白百合女子大・４年・女　孤独死はしたくない。

慶應大・3年・女　最近、すごい子供が欲しくて。子供の成長だったり、子供が頑張って何かを達成したことに喜びとか感じたい。

早稲田大・4年・男　子供は欲しい欲しくないよりも、つくるものっていう義務的なものを感じています。自分の家族を見ていると、僕と妹がいて、父親も母親も幸せそうで、そういうのを見ていると、子供のために働くのがモチベーションになると思う。

慶應大・3年・女　夫婦2人で50年、60年生きていくっていうのは、なんかつまんないのかなって。

早稲田大・4年・男　生まれてきたからには、子孫を残して受け継いでいかないといけないなと思ってて。

原田　さとり世代の好きな「コスパ発想」で考えたら、子供ってとにかくおカネも労力もかかる。でも、皆、子供は欲しいんだね。

早稲田大・4年・男　子供は多分1人でいいかなって。生まなくちゃいけない、つくらなくちゃいけないっていう義務があるんですけど、2人、3人じゃなくて1人でいいのかな。

白百合女子大・4年・女　私も義務だと思ってて、結婚したら絶対子供はもうけなきゃいけないっていうのは頭の中にあるので1人は産むと思うんですけど。でも、その後は、夫の収入による。自分が我慢してでももう1人を育てるぐらいなら1人でいいかなとは思います。

ＩＣＵ・２年・女　子供をつくったら学費とかいろんな生活費とかおカネかかると思うんですけども、老後を考えたときに、やっぱり子供が面倒を見てくれたりするわけじゃないですか。老人ホーム代を出してくれたり。

原田　自分の老後の面倒を見させるために子供をつくっておく。

ＩＣＵ・２年・女　はい。そこで、そのおカネが返って来ると思うので（笑）。

原田　長期的な意味でのコスパを考えてる、と（笑）。

早稲田大・４年・男　ラストで回収する（笑）。

多摩大・４年・男　年金と同じ発想（笑）。

さとり世代は親と仲良し

原田　さとり世代は親との関係が大変良好になっている、と言われています。親と仲が悪いっていう人は？

慶應大・３年・女　お母さんと性格が一緒なんで対立する。仲が悪いっていうより、興味がないみたいで、私に。自分の仕事とかやりたいことを好きにやっているんで。で、もう私もこの年だし、お母さんと電話もしないしラインもしないし、もう1週間ぐらいしゃべんないし、普通に。

白百合女子大・4年・女　お父さんの趣味とかも嫌いだし、お父さんの肌の色も嫌いだし、結婚式とか一緒に歩きたくなくて。

原田　どういう趣味？

白百合女子大・4年・女　なんかサーファーです。

原田　君たちの父親は五十代で、桑田《くわた》佳祐《けいすけ》、さんま世代だもんね。若々しい親父も多い。

白百合女子大・4年・女　地震のときにサーフィンしてたんですよ。流されればよかったのにって。

原田　おいおい！　まあ、でも、基本的には父親とも母親とも仲良しになっている人が、さとり世代ではやっぱり多いんだね。

桃山学院大・2年・女　私は親と仲がいいほうだと思います。お母さんはもちろん、お父さんとも。女友達に「父親と一緒に歩きたくない」という人がいたんですが、理解できない。今の自分があるのも親がいてくれたからなので感謝している。両親ともに健在ですし、虐待も受けてこなかったし、家庭環境が恵まれていた、というのもあると思いますが。

原田　さとり世代は全体的に親子仲が良くなってきている。しかし格差が拡がり、一部の家庭は荒れていることも事実。

大正大・3年・女　うちの父は、物静かであまりしゃべらなくて。本が好きで。素敵な人だなと思うので、私はお父さんみたいな人と結婚したい。

ＩＣＵ・２年・女　私はお母さんの買い物に付き合わされていて、新宿の伊勢丹、髙島屋、銀座の三越をハシゴとか。

原田　ママはバブル世代（笑）。

早稲田大・４年・男　僕、母親と映画観に行ったりランチしたりします。自分から誘うこともあります。

大正大・３年・女　私は一人っ子なんですけど、お母さんがすごい過保護。今年の夏休みに留学に行きたいと思ってたけど、お母さんにすごい話すのがつらかったんですよ。絶対反対するだろうと思って。勇気をもって話したら泣かれちゃって。１カ月の短期留学なのに。

早稲田大・４年・男　僕は母親と一緒に海外旅行に２週間ぐらい、スペインへ行ったことがあります。

原田　さとり世代男子で、母親と２人で旅行に行く人って本当に多いよね。そういうときは、一つの部屋で同じベッドで寝るの？

早稲田大・４年・男　はい。

原田　なんか、気持ち悪い。

早稲田大・４年・男　母親はカメラマンなんですけど、絵も描く。だから、美術館に一緒に行ったりとかもする。

早稲田大・4年・男　僕の母親はKポップが好きで、新大久保に20人ぐらいしか入れないライブハウスがあるんですけど、そこに母がついて来てって言うんで、僕がそのライブハウスの券を3時間前ぐらいから並んで取って、一緒に見てあげる。

専修大・3年・男　広島が実家なんですけど、実家に帰ったときは、母親とランチに行ったりとか。母親が友達とかと行っている飲み会に、「今、飲んでいるんだけど、来ない？」みたいに誘われたり。そこでちょっと恋愛相談をしたりとか。

原田　お母さんに恋愛相談して、有効な意見が得られる？

専修大・3年・男　たまにあったりします。彼女の母親の縛りがちょっときついみたいな。僕、姉がいるんで、姉がそういう状況だったときに、母親側の視点というのを知る。

早稲田大・4年・男　原田さんたちは親に何でも報告しました？　僕、今日合コンしてくるから、家に帰ってこないわとか、今好きな人がいるんだけどさ、みたいな。

原田　恋愛の報告とかしない。

バブル世代編集者　まったくしないですよね。それどころか、海外旅行に1カ月行くのを報告せずに行ったりしていましたね。

早稲田大・4年・男　今日何があったの？　みたいな話するじゃないですか、家に帰ったら。

それで、僕は全部話す。連れてってもらったんだ、キャバクラ、みたいな。

バブル世代編集者　お母さんとランチするとかって、僕らの感覚からすると、ちょっと恥ずかしいっていうのがあるんだけど、そういうのはまったく感じない？

原田　お母さんとランチに行っても恥ずかしくないよっていう人？　みんなそうなんだ。

バブル世代編集者　へー、すごい。

第3章では、さとり世代の主に「恋愛観・結婚観」について、皆で議論しました。ここでもソーシャルメディアによって、さとり世代が大変恋愛しにくい状況に陥っていることがわかりました。異性と連絡が取りやすくなっているので、恋愛もさかんになっているだろうと上の世代は考えがちですが、まったく逆の現象が起こっているのです。

ソーシャルメディアの影響で、彼らの恋愛は常に周りに筒抜けになってしまいます。だから、余程好きでないと異性にアタックできないし、付き合ったら付き合ったであふれる口コミにより疑心暗鬼になり、お互いへの束縛が激しくなってしまう。そうした面倒から逃げるために、「女子会」や「男子会」など、居心地の良い同性コミュニティが彼らの中では重視されるようになってきています。

若年層の恋愛や結婚が難しい状況は、今後も当面続いていく、むしろかつてよりも難しく

なっていくであろうことが推測できる状況です。そうした中でも彼らは、「完全な男女平等を描かない」や「年上女性も狙う」などといった方法により、この問題と向き合おうとしている姿も垣間《かいま》見られました。

かなりポジティブだと思われる変化としては、彼らの親子仲が大変良くなってきているということがありました。ソーシャルメディアは、親と子のつながりも常時接続にするため、恐らくかつてよりも親子間コミュニケーションを密にしているであろうことが見えてきました。「友達親子」現象は更に促進され、親子による消費も更に広がっていくことが予想されます。

第4章　さとり世代と日本の未来

責任の伴う仕事はしたくない

原田　ある調査だと、さとり世代で「社長になりたくない」っていう回答が過去最高値になった。社長になると責任を取らされるから嫌だし、でも、窓際族も嫌。だから、ほどほどの出世である管理職になりたいという数値が過去最高になった。『課長島耕作《しまこうさく》』（弘兼憲史《ひろかねけんし》、講談社）は、課長からスタートして、最後は社長・会長にまで行く。言わば、団塊世代の戦後の上昇志向を描いている漫画。一方、さとり世代の志向としては、課長になって終わり。さとり世代は、どうして社長になりたくないんだろう？

早稲田大・4年・男　バブルのときって、ステイタスが求められたと思うのですけれど。たぶんそういうのは今、あまり求めていないから。

原田　社長もステイタスでしかなく、ステイタス自体がいらなくなった？

早稲田大・4年・男　さとっちゃったのかわからないですけれど、責任が伴う感じが嫌。

慶應大・2年・女　リスクを嫌う傾向はあるのかなと思って。だから最近は、女の子が3平志向。平均的な身長、平均的な収入、平均的な学歴みたいな。高望みはしなくて、普通に生活できればいい。トップまで昇り詰めなくても、ある程度の暮らしができればいい。昇り詰めるまでの苦労とか、リスクとか、責任とかを考えたら、そこまではいらないかな。

原田　そこがおじさんたちに、「ゆとり世代はダメ」って批判されるポイントなのだけれども。社長になりたいとか、イノベーションを起こしたいとか、そういう人たちがいないと、企業はなかなか成長しにくいと思うのだけれど？

慶應大・2年・女　別にトップじゃなくても、できることはあるんじゃないかなって、思ったりするので。

中央大・3年・女　昔は終身雇用で、小さい企業だったら、何年も勤めていれば、いずれ社長とか役員とかになれたじゃないですか。でも今、実力主義になって、何年働いたとしても上に行けるかわからない。だからそんなにバリバリ働くんじゃなく、そこそこでいいやと思ってしまう。

原田　見返り自体が少なくなってきている。管理職のポストが減ったりとか。それだったら、ほどよく手を抜こう、と。

中央大・3年・女　今、就職活動をしていて思うのが、同期とも仲良くして、和気あいあいとした温かい会社で働きたいと……自分だけ抜きんでるというふうにはしたくないなと。

原田　同期仲も大切にしたいと。うちの会社を見ても、若い人はみんな同期と仲がいい。

早稲田大・3年・男　同期で和気あいあい派が多い。同期の中でハブられるのが、一番嫌だと思う。

博報堂・若者研・長尾　『働きマン』は、あれはあれですごく尊敬するし、ああいう打ち込めるものがあるサラリーマンって、本当にカッコいいと思うんですよ。でも、自分が仮にそうじゃなかった場合、それでも認めて欲しいなっていうのがすごくあって。例えば家に早く帰って、ＤＶＤとか観る時間を大切にしているという生活スタイルだったら、それを肯定して欲しいという感覚。昔の人って、みんなこうじゃなきゃダメみたいな、頑張らなきゃダメみたいな空気があって、すごく窮屈で。

原田　この意見に賛成の人？……けっこう多い、4分の1ぐらい。でも、会社の上司としては、ちょっとたまらんかもね。ＤＶＤを観るのは勝手でいいけど、そんなの会社に関係ない。

博報堂・若者研・長尾　それを率先して私の世代が塗り替えたいという気持ちがあるんです。もっとみんな、自由にバラバラでっていうのが可能になれば、それでいいんじゃないかと。

専業主婦になりたい

原田　さっきも出てきたけど、専業主婦になりたいって女の子がすごく増えている。一方で政府は男女参画時代で、女の人も働く時代だ、と言っている。

中央大・3年・女　結婚はしたいけど、子供はそんなに早く欲しくない。今の段階で、結婚は絶対無理だなと思うんです、やっぱり（笑）。

慶應大・2年・女　私はバリバリ働きたくて。でも、ワークライフバランスとかは、ある程度考慮して欲しい。性で分ける必要性はなく、能力がある方が働けばいい。

慶應大・3年・女　いろんな人がいていいと思うんですよ。別にみんなが働かなきゃいけないとか、全然そういうのはなくて。ただ、専業主婦になりたいのだったら、別に大学を出る必要性ないし。結婚したければ、高卒とかで結婚すればいいし。若者っていうのが、だいたい大学を出るようになったじゃないですか。その若者たちが専業主婦になりたいと思うのは、言っていることとやっていることが、けっこう矛盾しているんじゃないかなっていう。

原田　高卒は専業主婦になれ、みたいな。（笑）。

白百合女子大・4年・女　専業主婦になりたいからって、高卒でいいとか絶対思わない。

原田　白百合で必死にフランス語を勉強して、専業主婦になる、と。昭和みたいじゃない？

白百合女子大・4年・女　専業主婦志向が高まってきているのは、就職氷河期で、皆がちょっと働くことにビビってるじゃないですか。それだったら好きな人のために生きたいっていう。でも、一応大学くらいは出ておかないと。私は最初から専業主婦志向なのですけれど、高卒はマジでなかったんで。

早稲田大・4年・男　僕の母親が妹に、いい大学に行きなさいって言っているんです。専業主婦になろうが、大学にはとりあえず行きなさいって。いい大学に行くことによって、専業主婦になれる確率も高くなるし、就職できる確率も高くなるしと。

白百合女子大・4年・女　ちゃんと大学に行くことによって、出会う人も違うじゃないですか。

早稲田大・4年・男　専業主婦になりたいっていう女の子って、ある程度、生活レベルが高いんじゃないですか。高卒だと出会える人も限られてくるし。

原田　大学進学率が50％超えちゃっているので、大学に行かないというのは、けっこう大きな選択になってしまっているんだろうね。行かないと、ちょっと訳ありみたいな感じになっちゃってるのかしら。

桃山学院大・2年・女　でも専門学校に通ってる子は、きちんとなりたいものがあるんだなぁと、自分がひどく後ろを歩いているような感覚になります。

収入差で家庭内のパワーバランスが決まる？

原田　さとり世代の間で専業主婦になりたい、って女性が増えているけど、今は新婚の３組に１組が離婚する時代。専業主婦って、とてもリスクがあるんじゃない？

中央大・3年・女　私は、例えば１０００万円稼いでいる男の人がいて、その人と結婚して、自分は専業主婦になって働かないよりは……例えば相手が年収７００万稼いで、自分が３０

０万稼ぐ、みたいなほうがいい。合算して、結局１０００万になるっていう、そっちのほうがバランスが取れるし、自分が存在している感じがするというか、離婚しても困らないし。

原田　完全対等ではなく、男性ほどではないけど、世帯収入にある程度貢献する、と。

中央大・３年・女　そのほうが贅沢《ぜいたく》ができる感じがするじゃないですか。旅行へ行くときも、自分に決定権があると思えるし、男性だけが稼いでいるなら、次はここへ行くぞと彼が言ったら、それに従うって感じだけれど。自分の稼ぎがあれば……。

原田　我が家は奥さんが専業主婦だけど、全ての決定権は彼女にあるけどね（笑）。さとり世代は、男女平等を通り越して、超現実的になってきている、とさえ言えるかもしれないけど。

中央大・３年・女　だって、旦那《だんな》だけが稼ぐなんて、申し訳ないみたいな気持ちになるじゃないですか。

原田　そんな気持ちにならない人が、たぶん専業主婦になっていたんだと我が家を見て思う（笑）。

早稲田大・３年・男　僕んちって、親父が８００万稼いで、母親が５００万稼いで、合算して１３００万ぐらい。やっぱりうちの母親を見ていると、自立しているという意識が強いので、発言とかが対等なんですよ。

白百合女子大・4年・女　私は専業主婦に憧《あこが》れはあるのですけれど、旦那さんから「お前は専業主婦になれ」と言われたら絶対嫌なんです。

原田　超面倒臭いね（笑）。結果、一緒のことじゃない？

白百合女子大・4年・女　私は一般職で就職しますが、今、大手企業の中で一般職の待遇って、けっこうよくなってきているんですよ。子供ができても産休をもらって、そのあと会社に復帰できるとか。自分で全てを選択できるから、あまり男性に選択されたくない。

原田　さとり世代男子の調査を見ると、女性に働き続けて欲しいって回答する人が増えているんだよね。男は女に働いて欲しいと思い、女は専業主婦がいいと思い、この平行線が晩婚の問題につながっている。

日本大・4年・女　単純に楽なほうが好き。私はどちらかといったら、家で洗濯とかしているほうが好きだと思うんですね。だから好きなほうを選ぶってだけで。

原田　君、日大藝術学部でしょう？　じゃあ、何で日藝に入ったの？

日本大・4年・女　CM専攻にちょっと興味があって。でも、それを仕事にしたいとまでは思わない。あと、受験が2教科ですごく入りやすかったので。

原田　あらあら。日藝の先輩の爆笑問題が泣いちゃうね（笑）。男女雇用機会均等法からそれなりに時間が経って、さとり世代の女子は、バリバリ働くのって大変だな、っていうのが、たぶん情報としてわかってきちゃってるのかもしれないね。

日本大・4年・女　私の母親はあまり稼いでいないし、父親もあまり稼いでいないみたいな環境なので。お金があるっていうのは、すごく楽しそうという気持ちがあるから、働きたい欲求があって。男性に負けたくないから働くとかじゃなく、単純にお金が欲しいなって思う。

原田　さとり世代の間では、経済的にかなり厳しい家庭も増えてきているから、そうした家庭に育って、戦後の日本人のように、お金が欲しい、って純粋に思う子も増えているのかもしれないね。

博報堂・若者研・遠藤　さっきから話を聞いていて思ったのは、稼いでいる額で、家庭内の発言権が決まるという考え方がさとり世代の間で生まれているのかもしれないということ。

原田　離婚率も高く、結婚が永遠のものっていう感覚も少なくなったから、そうした合理的な考えになってきているのかもしれないね。

ボランティアをするのは就活のため？

原田　若者といえばＮＰＯみたいな感じで報道されているけど、実際どうなんですか？

宇都宮大・4年・男　僕は好きです。

原田　が、君以外は誰も無反応。少なくとも若者研の子たちには関係ない、と。

宇都宮大・4年・男　学食とか社食とかで20円だけ高く値段を設定して、その20円がアフリカに行くという、応援したくなるコンセプトみたいなのがあるＮＰＯは好きです。

原田　なんで好きなの？

宇都宮大・4年・男　おカネ儲《もう》けしなささ……第一目的をお金に置いてないところ。

早稲田大・3年・男　いわゆる「意識高い系」って言われている人たちがＮＰＯをやっているっていう感覚が僕の中であるんですけど。多分、昔もそういう意識高い人っていたと思うんですけど、起業しておカネを稼いだりっていう方向に行ってたのが、今はＮＰＯになっているのかなって。

白百合女子大・4年・女　ボランティアとかＮＰＯとか、本当に善意でやっているんだったら、ネットとかに書くなよって思うんですよ、すごく。なんかツイッターの自己紹介とかに団体の名前入れちゃって。皆、結局自分のステイタスのためにやっているって思うんですけど（笑）。

立教大・3年・女　ＮＰＯとかボランティアとかをやっている人は本当に善意があってやっているのかもしれないんですけど、そういうのをＳＮＳとかにあげちゃうと、まわりから見れば、どうせ就活のためにやっているんでしょって見えちゃう。

慶應大・2年・男　就活しないでそのままＮＰＯを続ければ認める（笑）。

慶應大・3年・女　NPOやりたいとか、そういうことを言っておけば、意識高い系に見られ、就活に使えるとかっていうのはあるのかなって。

原田　案外大人が思っているよりも、NPOをちょっと斜めに見ているさとり世代は多いのかもしれないね。

慶應大・2年・女　自分がいいことをしているとか、意識高い系に見られたいとか、単純に就活のためっていう人もいると思うんですけど、その根本にあるのは自己肯定とか自分の存在意義っていうのをかみしめたいのかなって。

慶應大・3年・女　NPOとかボランティアって、個人の能力を問われない。仕事とかだったら、スキルとか学歴とかってネックになると思うんですけど、ボランティアは誰にでもできるというか、がれき撤去とかも、何もない自分でも力になれるとか、誰でも貢献できるっていうとこが大きい。

原田　なんでこいつ入ったんだよ、使えねー、とか言われないし、就活ネタにも使えるし、自己承認欲求も満たされるし、みたいな。

震災で何も変わっていない

原田　僕がよく新聞記者から質問されるテーマが、震災があってさとり世代の何がどう変わったか？　きっと思春期に震災が起こって、若者は大きく変わったに違いない、変わって欲しいっていう大人の願望があるんだけど、皆はどうですか？

大正大・3年・女　震災後で大きく変わったということは多分ないような気がするんですけど、小さな変化はあるかなと。メディアを疑うものだって初めてそこで知ったっていうか。高3のときに震災にあって、私、ツイッターやってたんですけれども、ツイッターの画面がめちゃくちゃ嵐みたいにバーッて荒れてて、何が本当か何が真実かわかんないまま……。

原田　どんなので荒れてたの？

大正大・3年・女　とりあえずリツイートしないと、助からないみたいな嘘のツイートとかもあって。

早稲田大・2年・男　何も変わってないと思っているんですけど。メディアに対する不信感とかっていうのも、多分2〜3カ月したら忘れて、結局今でもよくわかんない情報をリツイートする人が結構いるし、なんか全然嘘の情報とかまだまわってくるし。

慶應大・3年・女　うちの大学だと、1年生の必修の授業が地震の授業に替わっちゃって、次に地震が来たときのためにきみたちが何かできるように提案してみなさい、みたいなこととかを無理矢理課題にさせられて。別に地震のこと考えたくないし、何かできるとも思ってないし、なんか無理矢理やらされている感がすごくウザくて。なんで上の世代はこんなに言ってくるんだろうみたいなことをまわりの友達と言ってました。

慶應大・2年・女　テレビを見てたら、新幹線の仙台から東京が、かなり早い期間で復旧したんです。それで、あっ、日本の企業ってすごい即座に対応してくれるんだなって。

原田　日本への信頼感が高まった。

早稲田大・2年・男　逆に原田さんが僕らぐらいのときに阪神大震災があったじゃないですか。それで何か変わりましたか？

原田　関西の地震で、東京は揺れなかったからね、今回に比べるとちょっと心理的距離は遠かった気がする。

専修大・3年・男　震災があったとき、まだ実家の広島にいて、大阪以南は、ほとんど関係ないぐらいの感じでした。ただ、テレビでなんかすごい状態になっている映像を見るだけで、特に何にも感じないっていうと語弊があるんですけど、なんか自分が変わったかどうかって、わかんない状態です。

優しい上司に囲まれて働きたい

原田　ところで、社会人になったら、どんな働き方をしたい？

慶應大・3年・女　私は別に一般職でも全然抵抗がない。そんなにすごいバリバリやりたいっていうわけじゃないので、9時~5時の定時であがりたいし、できればその中でいい人を見つけて結婚したいみたいな気持ちが普通にある。

白百合女子大・4年・女　優しい上司に囲まれて働きたい。

早稲田大・3年・男　プライベートがあまり潰されるのは嫌だな。土日ぐらいは家族のために時間をとって、将来の息子とか娘と妻のために時間を使いたいな。

原田　ワークライフバランスですね。

早稲田大・4年・男　僕は尊敬できる人がいれば、その人から何を言われても受け入れられるというか、こき使われてもいいし、怒られてもいいし、そういうちょっと師弟関係みたいなのがちゃんと成り立つようなところで働けたら、ガンガン働いてもいい。

慶應大・2年・女　私はおカネだけじゃなくて、自分の仕事にやりがいを求めたい。理想論なので現実厳しいんですけど、自分のやりたいことだったらどれだけ働いてもいいかなと思っています。

原田　さとり世代全体からすると、保守的になっていて、安定企業でワークライフバランスが取れるのがいいっていう人が多くて、女の子も、一般職でもいいわ、みたいな子も増えている。だけど、バリキャリ志向の子もいるし、多様化しているのかなっていう感じですかね。どんな社風の会社がいいと思う?

白百合女子大・4年・女　社員がすごい会社のことを持ち上げる、社内満足度が高い会社に行きたい。うちの会社はすごく自由な感じのいい会社だよ、みたいなことを言われると、あっ、いいなって。

中央大・3年・女　外資系とかって、子供を産んでから働けないようなイメージがあるので、子供を産んでからもクビの心配をしないで長く働けるようなところがいい。

早稲田大・2年・男　大学生の延長みたいな、会社の人も堅すぎず、夜も一緒に飲みに行けて、ちょっとした遊び、キャバクラとかにも行けるような会社がいい。

原田　お友達カンパニー。

慶應大・3年・女　私は独創的な人が多い会社がいいです。私のイメージだと、独創的な人って、ポンポンポンポン新しいものをつくり出していこうみたいな思いが強いと思うので、そういうところに自分もいると、なんか楽しいんじゃないかな。

大正大・3年・女　私は、静かでどっしりした会社がいいな。何ていうか、一日の感じが決まってる。

原田　お役所みたいな。

大正大・3年・女　なんかそういう感じが好き。インフラ系とかはそういうイメージがあります。鉄道会社とか。

早稲田大・3年・男　社風でいえば、派手に合コンとかっていうのはやりたくない。

原田　さとり世代は本当に合コンをしなくなってるもんね。皆さん、どんな上司だったらいいと思う？

慶應大・3年・女　今のバイト先がそうなんですけど、店長とか社員さんにも、プライベートのこととか全部話すし、元気なかったりしたら、「今日何かあったの？」みたいに声をかけてくれたり。

原田　中学校のときの先輩、あるいはお友達みたいな感じ？　お友達関係を全てに求めるようになってんだな。

早稲田大・4年・男　常にあんまり褒めない人がいい。本当に褒めてくれるときを大事にしたい。

原田　君、ドM？

早稲田大・4年・男　いや、上昇志向があるって言ってもらっていいですか（笑）。

ＩＣＵ・2年・女　私はある企業系列の通信制の高校でバイトしているんですけど、上司の社員さんは、ミスをしてから怒るんじゃなくて、こういうとこに気をつけてね、みたいな感じで言ってくださるので、ミスを未然に防げる。

慶應大・2年・女　私もアドバイスはやっぱりいただけたらいいなと思って。きつい言い方じゃなくて、部下が伸びるためにアドバイスをしてくれるような、そんな人がいたらいいな。

宇都宮大・４年・男　あるビジネスセミナーに参加したときの先輩だったんですけど、めちゃくちゃ仕事ができる、かつ、ギャグセンスがあっておもしろい人だった。

原田　仕事ができて無口、高倉健《たかくらけん》みたいな人じゃダメなんだ。今は上司にもお友達要素やギャグセンスが求められるんだ。

若手社員は同期仲がいい

原田　さっきも出てきましたが、会社内で同期仲がとっても良くなってきたと言われています。同期はライバルなの？　お友達なの？

博報堂・若者研・長尾　私の代は同期が１０５人いるんですけど、仲いいですね。入社前から飲んだりしてたし、未《いま》だに階が近い子とかはしょっちゅうランチ行くし。唯一対等に本音を話せる仲間。

原田　ライバル心はないの？

博報堂・若者研・長尾　あいつが俺より先に大きい仕事してたら悔しいとかは普通にあるとは思うんですよ。ただ、別にそこでいがみあっても何も生まれないというか。

早稲田大・４年・男　僕はどっちかといえば、ライバルを見つけて一緒に頑張っていきたいなって思うタイプなんですけど、僕の行く銀行の同期は、入社前からラインのグループとかつくったりして、皆でバーベキューに行ったりとかっていう、なんかサークルのようなイメージがあります。

早稲田大・3年・男　僕は、同期と仲良くしなきゃいけないんだろうなって思うのが嫌。

早稲田大・4年・男　さとり世代は、小学校の運動会で順位をつけないとか、昔から競争に対する意識が薄らいでいて、それよりはみんなで仲良くグループを組んで協力していこうみたいなのが、もう本当に小学校時代から刷り込まれてるんじゃないかなと思って。

原田　俺らは、さとり世代じゃなくてゆとり世代だと。

宇都宮大・4年・男　さとり、ゆとり、省エネ世代だと思います（笑）。

早稲田大・3年・男　同期は単なる同じ会社で入社年次が一緒という一つのタグにすぎない。集まっていろんな意見を共有するだけで、特に感情はないのかなという気がしていて。同期だから集まろうかぐらいで、そこで仲良くしようとかライバルになろうとかじゃなくて、集まったほうが得だよねっていう。

原田　コミュニティが増えたさとり世代にとって、同期もたくさんあるコミュニティの中の一つにすぎない。

博報堂・若者研・長尾　皆さんは、日系企業で働くのが嫌だとか思ったことないですか？

日本って、ブラック企業多すぎるんじゃね、みたいな。海外にマジで逃避したいみたいな。

原田　ブラック企業問題は深刻だね。実際には法令順守されていても、ソーシャルメディアで「あそこはブラックだ」と書かれたら、その会社の若者の労働意欲も減退しちゃうだろうし。

博報堂・若者研・長尾　ツイッターとかでいろんな人のフォローをしていると、本当に日本の労働環境って危ないんじゃないかなって思うことが増えていて。もし可能ならアジアとかありだなって思ったりもしているんですよ。

原田　アジアのほうがむっちゃブラック企業多いと思うけど（笑）。他国と比較すると、実は日本って、若い人はそれなりに守られてる。新卒一括採用だって、若者が守られている証《あかし》。日本はブラック企業が本当に多いのかちゃんと検証してみたら、多分少ないほうだと思うんだよね、国際的に見たら。

バブル世代編集者　残業ってみんなしたくないんですかね？

慶應大・2年・女　おカネが出ない前提ですか？

原田　おカネを出してくれるなら、私、いくらでも残業しますよっていう人？　おっ、けっこういる。8割ぐらい。

博報堂・若者研・長尾　いくらでも？　朝4時とかまででも働ける？

白百合女子大・4年・女　それは無理。

原田　やっぱり、いくらお金が貰えても、豊かに育ったさとり世代は、ワークライフバランスが大切で、人生全てを捨てて仕事をする、って感覚はないんだろうね。

専業主婦か専業主夫か

原田　30歳のとき、どんな生活をしていたいですか？

白百合女子大・4年・女　私は専業主婦やってたいです。

ＩＣＵ・2年・女　私の両親が大学3年生から付き合って結婚しているので、私も大学生のうちに結婚相手を見つけなきゃっていう思いがあって。なので、長く付き合って28歳ぐらいで結婚して、30歳は、新婚生活を満喫しているか、子供が一人ぐらいいたらいいなと。でも、もし子供がいたら小学校受験をさせたいので、専業主婦になって、それに専念したい。

原田　そうか。個性派の多いＩＣＵの子も専業主婦志向なんだ。

ＩＣＵ・2年・女　でも、初めはちゃんと就職して、ちゃんと育児休暇を取って、子供が小学校受験に成功するまでは育児に専念して、小学校に入ってから職場復帰したい。

白百合女子大・4年・女　旦那さんは外で働いていて、自分は家でゆっくりしてたいんで。最初のときだけじゃないですか、旦那さんとラブラブしたいっていうのは。この先一緒にいる期間が長いじゃないですか。最初からべったりしてても多分うまくいかないんで。

原田　旦那の給料はいくらぐらいが良い？

白百合女子大・4年・女　30歳だったら１０００万ぐらい。

原田　めちゃくちゃ高い。

慶應大・2年・女　私は、どれぐらいまでいけるかわからないんですけど、いいポストに就いて、バリバリ働いて、会社の近くとかに住んでて。

原田　『働きマン』みたいな感じだね。でもさ、『働きマン』のことをイタイっていうふうに思うわけじゃない、今の子たちは。君はあんまりそうは思わない？

慶應大・2年・女　イタクないですね。自分のやりたいことが仕事であれば楽しいですけど。結婚も、なんか別に事実婚でもいいかなって。子供は多分無理だなと思って。

原田　無理なの？

慶應大・2年・女　両立するとキャリアの質が下がると聞いたので。おカネがあれば、子供は養子縁組とか代理母とかいろいろあるじゃないですか（笑）。自分が産むのはやっぱり大変だと思う。おカネがあれば手段はいっぱいあると思うので。別に豪華な暮らしをしたいわけじゃないんですよ。おカネがあっても貯蓄はしっかりして、そこそこな暮らしでいいんですけど、ちょっとリッチぐらい。そんなイメージです。

博報堂・若者研・長尾　私は25歳なんですが、無職の頭のいい人と結婚したいんですよ。私が働いて、で、旦那さんは頭が良くて、子育てをしてくれる専業主夫がいい。

原田　一番極端な意見だね。

博報堂・若者研・長尾　だから、両立無理って考えるよりは、もう旦那さんに完全に全部今までの女の役割をお願いしたいタイプなんです。

バブル世代編集者　男性で専業主夫やってもいいっていう人いるんですかね？

原田　さすがにいない。

早稲田大・3年・男　社会的にあり得るようになってくるんだったらいいなと思います。

早稲田大・3年・男　それはちょっと周りの目が怖い。

博報堂・若者研・長尾　働きたい女の人が増えているのに、なんで専業主夫志望の男の人はもっと声をあげないんだろうって私は思うんですけどね。女の人のほうがなんかわがままかなと思って。働きたいし、子供も産みたい。それは無理だろうと思うんで。

さとり世代の考える日本の未来は明るい

原田　さて皆さん、日本は好きですか、嫌いですか？

慶應大・2年・女　私、単純に、自分が育ってきて、ご飯がおいしいとか、治安がいいとか、やっぱり自分の生まれ育った国が一番だなって思う。

早稲田大・3年・男　震災直後の日本人の報道とかで世界中から注目を浴びてて、階段に座るにしても、ちゃんと列をつくって、人が通れるところをつくったりとか、人のことを考えて行動する人も多いし。電車に乗るときも、列に並んで待ってる民族ってなかなかいないらしいので。

早稲田大・4年・男　やっぱり20年近く住んでて、何も不自由なこともないし、唯一地震が多いのはちょっと怖い。でもいろんなところで充実しているし、嫌いなところがほとんど見当たらない。

ICU・2年・女　私は普段から大学とかで外国人の人とか接することが多い。私はダンス部なんですけど、例えば外国人の子っていうのは、自分が好きな振り付けのダンスだったらちゃんと毎日来るんですけど、自分がセンターにつけなかったら練習に来なかったりする。でも、日本人ってセンターにならなかったから来ないとかいう人は少ないし、時間もちゃんと守るし。

原田　じゃ、日本の将来は明るいと思う？　手をあげて。結構みんな明るいと思っている。

バブル世代編集者　わりと多いですね。

早稲田大・3年・男　そんなに暗くないと思います。ただ就活だけは不安。

白百合女子大・4年・女　明るいって言いきれるかわかんないんですけど、暗い暗いって言われているわりには、なんか皆今の生活に満足しているような気がするので。

中央大・3年・女　暗くなるっていっても、アフリカの飢餓の国みたいになるわけじゃないし。そこそこの生活を維持しているじゃないですか。

早稲田大・4年・男　日本は潜在的に能力があると思うんで。ＧＤＰもそうですし、そんなに言うほど経済が滞っているとはあまり感じないんで。やっぱり会社とかを見ても、世界的に活躍しているところも多いので、あまり悲観することはないんじゃないかな。

早稲田大・2年・男　ちょっと今の逆なんですけど、さっきどっちも手をあげてない人がけっこういた。絶対考えてない、将来のことを。それはちょっと明るくはないのかな。

原田　手が挙がんないっていう事実が明るくないっていう証なんじゃないかと。

バブル世代編集者　意外と考えてないっていうことですよね。

原田　なんとなく満足しているっていう感じなのかな。思ったより暗くは感じてない。

アベノミクスとさとり世代

原田　さとり世代の投票率が下がっているって、よくニュースで見ると思うんだけど、なぜ政治離れを起こしているんでしょうか？

白百合女子大・4年・女　結局自分が投票したところで何も変わらないって思っているという意見はすごい強くて。若者がたとえみんな投票したとしても、数でいうとやっぱり高齢者のほうが多いんですよね。で、政策も高齢者よりの政策なので、別に自分が投票しても何も変わらない。諦《あきら》めているっていう人は多いかなと。

早稲田大・2年・男　生活の実感として、政治で変わったことがない。今回なんかやっと初めてアベノミクスで、まあ、生活の実感としてはよくわからないですけど、数字としてちゃんと動いた気がする。

原田　これがとん挫《ざ》しちゃったら、結局変わんねえんだなと思っちゃうと。

早稲田大・3年・男　首相も次々替わってきて、民主党になったりとかもあったんですけど、実感として何が変わったのかまったくわからない。結局誰がやっても同じなんだろうっていう印象なのかな。

原田　今まで20年見てきて何も変わってないんだから、今後も変わらないと思ってる。

博報堂・若者研・長尾　いざ投票しようと思ったところで、まじめにやろうとしたら、各政党のマニフェストとかを読まないといけないじゃないですか。で、この政党はこの問題があって、みたいなのをちゃんと調べようとか思ったら、もうそんなのわかんないってなったんですよ。ネットに出回ってた、あなたはどう思いますかっていうマッチングサイトをチェックして、じゃ、あなたはこの党です、みたいなのがあって。あんまりだろうと思ったけど、わりとそのレベルでやってくれないと、自分がどの党に入れるべきかってわかんないなと思ったんですよ。全政党のマニフェストなんか見てらんないし、誰が何の党かとか、正直よくわかんないし。

白百合女子大・4年・女　なんかテレビでよく見るのが、国会で、みんなで野次を飛ばし合っているみたいなところで、正直、毎回毎回同じ映像じゃないですか。毎回同じような野次の飛ばし方をして、そういうのをすごい見ていると、どれでも一緒だな、みたいな。

原田　きみらの平和民族的な考えからすると、あの光景って嫌なものに見えるんだろうね。

慶應大・2年・男　麻生《あそう》太郎《たろう》さんっていたじゃないですか。麻生さんって英語しゃべれて、なんか笑いとったりとかしてたのに、漢字1字読めないから評価が下がったみたいな話があったじゃないですか。未曾有《みぞう》をミゾウユウって読んじゃった。そんなちっちゃいことでぐちぐち言ってんのかな、みたいな。蹴落《けお》とし合いみたいな感じで、つまんないなと思いました。

早稲田大・3年・男　当事者意識を持とうとしていないだけだと思います。別に政治家がどれだけ替わろうが、経済がどれだけ動こうが、多分選挙の投票率って変わんなくて、僕らがゆとり世代とかネガティブに言われている一つの理由として、本当に考えてない。

早稲田大・4年・男　多分政治の番組やっててもチャンネルかえるだろうし。どんな伝え方をしたとしても、裏番組に『アメトーーク！』（テレビ朝日系）あったらそっちを見るだろうし。そもそも当事者意識がない。なんでかなと思ったら、別に誰がやってもけっこう幸せなんですよ、僕、今。おいしいものを食べれるし。消費税が8％に上がろうが、別にあまり変わんない生活だろうなっていう。

原田　消費税上がったら、文句言わないの？

早稲田大・4年・男　でも、慣れていきそうだなって思ったりするんですよ。タバコが上がったときも、なんか高いなと思ったけど、今は幸せにタバコ吸っているし。

原田　じゃ、さとり世代の特徴として、けっこう受け入れ体質があると。

早稲田大・3年・男　本気で変えたいとか、そういう気持ちで投票に行っている人はいない。

原田　変えたいって動くよりかは、どっちかっていうと変わっていくものに対応していく。

早稲田大・4年・男　いい悪いって、結局大人の人が決めてくれるというか。なんか僕も民主党政権になって、あのマニフェストって本当にできんのかな、みたいな懐疑的な目で見てたんですけど、ただポーッと見てただけ。でも、できなくて、結局、有権者の大人の人たちが変えてくれたわけじゃないですか、自民党に。

原田　きみも有権者だけどね。

早稲田大・4年・男　いや、だから、そういう意識すらないっていう発言なんですよ。

早稲田大・3年・男　バカなんじゃないですかね。政治に関して言うと、さとり世代は本当にバカだと思う。

第4章では、「さとり世代と日本の未来」というテーマで議論をしました。まず、彼らの「労働」意識についてですが、不景気しか知らずに育った彼らが、「そこそこの生活」を望んでいることがわかりました。過度に仕事に期待は持っておらず、周りと同調しながら、お友達のような上司に恵まれ、ワークライフバランスを保ちながら暮らしたい。旦那のほうがたくさん稼ぎ、奥さんの方もそこそこ稼いで、そこそこ裕福に暮らす未来の生活を思い描いていることが分かりました。

次に、さとり世代の現時点での「満足度」は、大人が思うより高く、彼らは世間で言われるほど日本に悲観していないことがわかりました。不景気しか知らず、ぼろぼろだと言われている日本しか見ていないので、過度な期待を持っていないことがこの原因だと考えられます。生まれたときから生活水準のベースが高く、何不自由なく育ってきたという事情も前提にはあります。

また、政治への不信感は根強いことが分かりました。政策も自分たち少子化世代を見て作られているものはなく、人口の多い高齢者ばかりを見て作られていると、ある種の被害者意識を強く持っていることがわかりました。とは言え、消費税が上がろうが、別に反抗するつもりはなく、かつての若者のように、社会や大人に反発して自由を勝ち取ろうという思想はありません。世の中の動きを受け入れ、それに適応しようとする体質を持っていることもわかってきました。さとり世代は人口的にはマイノリティなので、自分たちの世代が世の中を動かす、動かせるという意識は希薄のようです。

番外編　バブル世代vsさとり世代

なんでそんなに車が欲しかったんですか？

原田　この本の最後のまとめとして、さとり世代の特徴を浮き彫りにするために、「バブル世代vsさとり世代」という対立構造で比較してみたいと思います。ちょうど今日はバブル世代の3人がいらっしゃるので、消費をしていたバブル世代と、消費をしない「デフレの申し子」さとり世代で大いに語り合いましょう。ちなみに、バブル世代とさとり世代のちょうど中間の世代である「ポスト団塊ジュニア」の私は、レフリー役を務めたいと思います。まず、バブル世代3人の学生時代は、どんな消費生活を送っていたかということから聞いてみましょう。

バブルA　僕、単純に車欲しいと思ったんですね、大学に入ったとき。それで大学1年のときに、めちゃくちゃバイトして、2年になるときに車を買って、ヤッターみたいな。

バブルB　何の車を買ったんですか？

バブルA　中古の白いハッチバック。

バブルB　もしかしてマイケル・J・フォックスがCMしてたやつ？

バブルA　そうそう。

バブルC　盛り上がってまーす。さとり世代に囲まれて、僕らは少数派ですけど、こういう話で盛り上がってまーす（笑）。

原田　完全にさとり世代はひいてますよ（笑）。他のお二人は、何かあります？

バブルB　ちょうど大学のときに、スキーブームだったんですね。『私をスキーに連れてって』（馬場《ばば》康夫《やすお》監督）という映画があって、とにかく大学生はスキーをするっていうことがステイタスだった。板とウェアもワンシーズンごとに新しいものにする。去年のモデルを着てると、「こいつ、去年の着てやがる」って言われるので、毎年、板とウェアを替えなきゃいけない。それにすごいお金がかかるので、夏はバイトしながら、ニューモデルが10月ぐらいに出ると、真っ先に予約して、とにかく新品の板を最初のゲレンデに突き刺すと、オッ、勝ったなっていう感じ。

原田　さとり世代全員が、「おい！　一体誰に勝ったんだよ！」って顔してますよ（笑）。

バブルC　僕は、お金が欲しかったですね。自分が高校生のときに、大学生の先輩たちが、すごいお金を使って遊んでて。今はクラブって言うけど、当時はディスコ。ディスコって、皆、知ってる？（笑）ピカピカの照明のところで、女の子たちがすごい高飛車なのね。お金を使わないと振り向いてくれない。そういうとこで派手に遊んでいる先輩を見て、あっ、じゃ、俺にもお金が必要なんだって、お金を稼ぐことを始めたのが間違いの始まりなんだけど。もうとにかくお金は必要でした。

原田　さとり世代の冷めたリアクションが既に想像できる気がしますが（笑）、とりあえず、彼らの感想を聞いてみましょうか。

早稲田大・4年・男　中古で車を買ったっておっしゃったんですけど、バブル世代って新車を欲しがるイメージがあったんですけど。

バブルA　そりゃ、新車の方がいいよ！　でも、現実問題として、1年間バイトしても、せいぜい１００万円ぐらいしか貯まんないわけですよ。同じ１００万だったら、新車でちっこい車を買うよりは、中古でちょっと大きい車を買った方がいい、という判断。

なんでそんなにスキーに行ってたんですか？

専修大・3年・男　スキーがステイタスとおっしゃったんですけど、当時の学生は、皆がステイタスを追いかけていたんですか？

バブルA　皆、です。だからスキーに行くと、もうめちゃくちゃ渋滞するんですよ。死ぬほど渋滞して、リフトも1時間待ちとか。

さとり世代一同　エーッ！

原田　さとり世代は、スキー人口も減ってるもんね。１時間待ちだったら尚更行かないよね。

中央大・3年・男　車を持ちたいっていうのは、それは、女の子にモテたいからですか？

僕らの世代が車を持っても、多分女子からモテないと思うんですけど。

バブルA　当時の大学生は、サークルが生活の主体だった。で、サークルの中で車を持っているのは、ある程度限られた人数なんですよ。そうすると、車を持っていると、サークルの中でものすごい覇権を握れるわけですね。権力の象徴みたいな。俺、車出すぜ、みたいな。

バブルB　うん。確かに。車を持っているやつは、モテるだけじゃなくて、偉いし、仲間内でもリーダー感があった。今度ドライブ行こうって言えるのは、やっぱり持っている人の特権。自分がやりたいことをやろうと思ったら、まず車を持つこと。それでようやく自由が手に入る、みたいな感じは確かにありました。

バブルC　持っている車のすごさでステイタスも決まりましたよね。

バブルB　見事にヒエラルキーになっていましたね。どんなにいい車を持っているかで。僕らの大学のときの自己紹介は、何の車を持っている、もしくは、何の車を持ちたいっていうものだった。どんな車を挙げるかで、大体その人の性格診断ができた。「あっ、おまえ、オープンカーが好きなんだ?」とか、「RV好きなんだ?」とか、「セダン好きなんだ?」みたいな。キャラクターと車種がマッチしてたんで、すごい分かりやすかった。

専修大・3年・男　僕、最近スキーにはまってて、この前、『私をスキーに連れてって』のDVDを観たばかりなんですけど。毎晩パーティーみたいなのを山小屋で開いているじゃないですか。あれは、本当にやってたんですか？

バブルB　あれは映画だから（笑）。そんなにお金使えないから。せいぜい宿に集まって皆でお酒を持ち寄って。

バブルA　でも、苗場《なえば》には「トゥーリア」ありましたね。

バブルC　あー、そうそう。苗場にディスコありましたね。

さとり世代一同　エーッ！

バブルA　あっ、「トゥーリア」じゃない。「Jトリップバー」だ（笑）。

バブル世代はイタイのか？

早稲田大・4年・男　今、お三方の話を聞いて、すごいストレートだなと思ったんですよ。素直、というか。

原田　目上の人に「君は素直だね」と言い放つさとり世代（笑）。さとり世代からすると、バブル世代は自分の欲望に忠実過ぎて、ちょっと「イタイ」って感覚かしら？　今までの話を聞いて、イタイって思う人、挙手してください。

バブルA　少ないね。なんで少ないんだろう。

白百合女子大・4年・女　うらやましい。

専修大・3年・男　うらやましい。

バブルB　何がうらやましいの？

白百合女子大・4年・女　なんかお金使って皆で出かけて、携帯電話とか周りのコミュニティにあまり縛られない生活とか。

原田　逆に憧《あこが》れを感じるんだ。でもさ、お金が降ってくるわけじゃないから、めっちゃバイトをして、車もスキーウェアも買うわけじゃない？　君らにも同じことできるじゃない？

白百合女子大・4年・女　昔は時給って高かったんですか？

バブルC　高くないですよね。マクドナルドのバイトは確か時給６００円。

さとり世代一同　エーッ！

専修大・3年・男　スキーのウェアはいくらぐらいでしたか？

バブルB　だいたい6万とか7万円。

原田　めっちゃ働いて、その華やかさを買ってたわけだよ。

バブルA　風呂《ふろ》なしアパートに住んでいながら、車に乗ってたりするわけです。

原田　「四畳半フェラーリ」っていう言葉がありましたね。

早稲田大・4年・男　イタイとは思わないし、どっちかっていうとすごい。でも、もしこの時代にそういう人がいたら、多分友達いなくて孤独になる（笑）。

さとり世代30人に聞いたクルマ事情

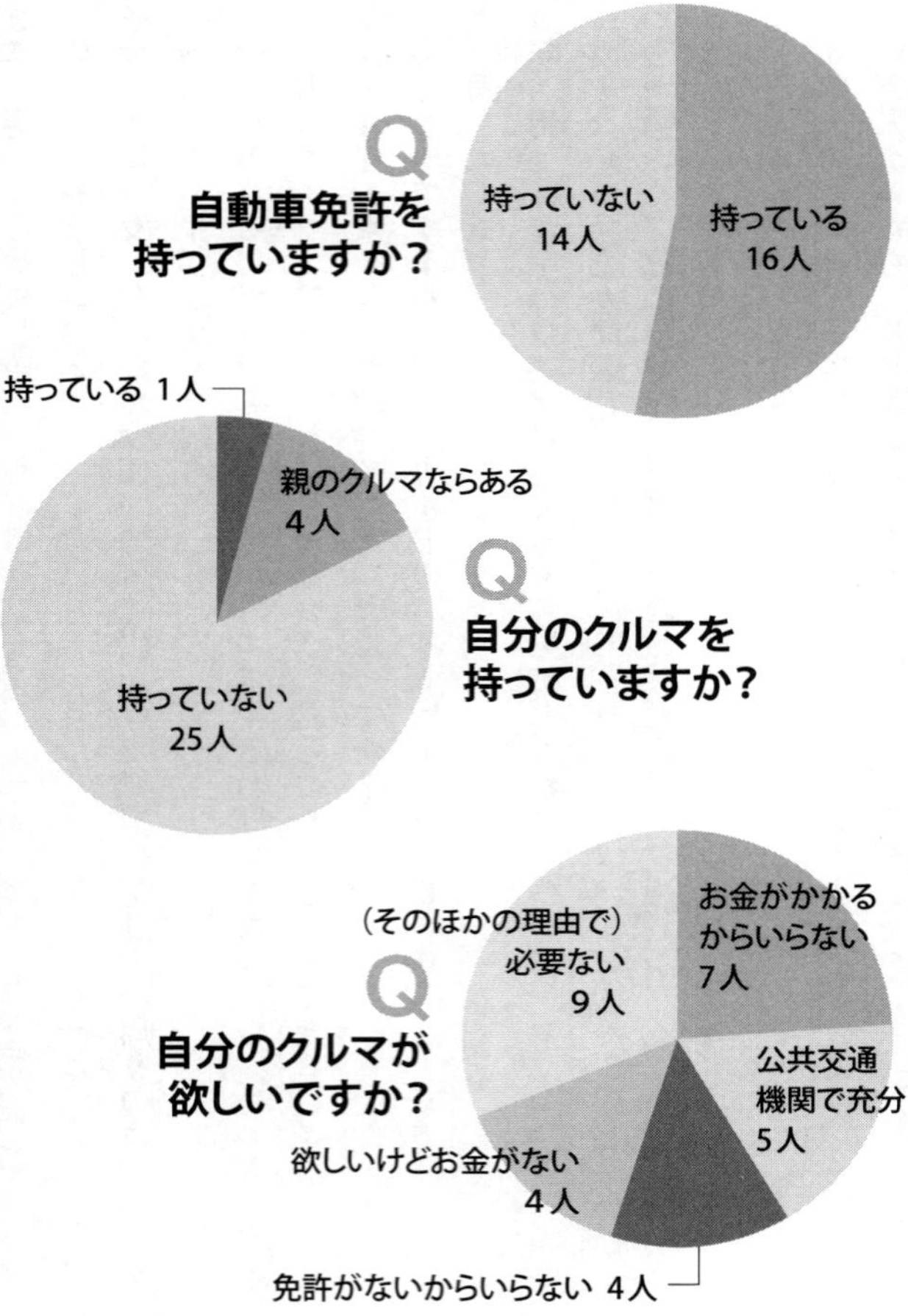

早稲田大・4年・男　個人的にはイタイとは思わないですけど、やっぱりイタイと思われちゃうと思う。孤独にバイトばっかやってたわけですよね、自分の欲しいもののためだけに。

バブルC　でも、車を買ってみんな10人ぐらいで出かけるんだから、今で言えば「リア充」じゃない？

バブルB　僕、学生のときに30種類ぐらいバイトしてたんです。バイトそのものが大好きで、今日もいいことしたなって。それは、みんなの概念ではリア充に入らないのかしら？　それぞれのバイト先に友達ができるでしょ。違う経験もできるし。お金のためもあったけど、バイトそのものがすごい楽しかった。そういうのはリア充ではないんだ？

早稲田大・4年・男　リア充って、あんまり苦労しないでわちゃわちゃ楽しんでいる感じ。30種類やってるって、すごいストイックな感じがしてリア充じゃない。逆にひきます（笑）。

原田　さとり世代の中では、頑張ると、「意識高い系」とか「イタイ」とか言われちゃうことを勉強して下さい（笑）！　逆に、バブル世代にとって「イタイ」っていう感覚は、どんな場合に感じてたんでしょう？

バブルA　スキーの用具を親に買ってもらうやつはイタイ。

バブルB　そういうやつ、有名私大の付属幼稚園あがりとかでいっぱいいましたけどね。でも、超一部。

バブルC　ちょっとカッコ悪い感じがありましたね、あれね。

原田　自力じゃない人がイタイと？

バブルC　親のカネで車買ってもらうやつもイタイ感じ（笑）。

バブルB　でも、僕は逆にうらやましかった。まわりのボンボンはドイツの高級車に乗ったりしてたので。

原田　バブル世代の「イタイ」は、「うらやましい」ということかもしれませんね（笑）。

スキーウェアを毎年買い替えるってアホだと思いませんか？

横浜国大・3年・女　スキーの板を毎年買い替えるって、前のシーズンのモデルはどうなるんですか？

バブルB　捨てる、もしくは、下取りですね。

横浜国大・3年・女　それって、ウェアも毎年買い替えるんですか？

バブルB　ウェアも替えます。売ったりとか。後輩にあげたり。

横浜国大・3年・女　エコじゃないです。

バブルA　エコじゃないです。エコという概念はほとんどなかったですね。

バブルB　エコの意識であげているというよりは、やっぱりそこでリーダーシップとりたいという気持ちのほうが強かったかな。

慶應大・2年・男　正直、アホじゃありません？　1カ月ぐらいしか使わないわけじゃないですか？　なのに、なんで6万も使うんだろうとかって思わなかったんですか？

バブルC　そこに疑問を感じなかった。

バブルB　それができるかどうかっていうところが、人間性とまでは言わないけど、その人の力量を試されている感じがあった。当時の空気を読むっていうのは、そういう感じ。みんなの今の空気を読むとはちょっと違う。

バブルA　スキー場に行くとやっぱりウェアも板も目立ちますもんね。

バブルB　あっ、去年のやつ使っているぞ、あいつ、っていう感じが、知らない人に思われていることがわかるっていう心地の悪さ。特に女の子とか完全にそうだった。去年のウェアしかないから、今年はスキーに行きたくないっていう子がいっぱいいた。

横浜国大・3年・女　ちなみに、ここのお三方がすごく偏っているっていうわけじゃないですよね？　その当時もアンチというか、そういう派じゃない方がいましたか。

バブルB　もちろん、皆が皆っていうことはないと思う。

バブルC　アンチもいるにはいたけど、世の中の風潮的にはバブルだったから。

バブルA　スキー場に行くとめちゃくちゃ混んでたから、やっぱり、マジョリティはこうだったんじゃないかな。

早稲田大・2年・男　僕はイタイというよりは、なんか可愛いなって思って（笑）。車が欲しい理由も権力を持ってるからとか。なんか猪突《ちょとつ》猛進。がむしゃらな小学生みたい。

バブルA　まあ、単純でしたよね。コスパとか考えたこともなかったですからね。

早稲田大・4年・男　スキーがステイタスっていうのはわかったんですけど、楽しいんですか？

バブルB　だから、楽しいじゃん。

早稲田大・4年・男　古いウェアだとバカにされるからウェアを買わなきゃいけないのに？

バブルB　周りも、「あー、おまえ買ったんだ」と認めてくれるから、うれしい。

原田　それがコミュニケーションツールだったんですね。ラインじゃなくてウェア（笑）。

バブルB　「いいね！」みたいなものじゃない？　君らがフェイスブックに友達との写真を載せるのと一緒の感覚で、新しいウェアを買うと、皆がいいねって言ってくれる。

早稲田大・4年・男　スキー以外は何してたんですか？

バブルA　夏はテニス、冬はスキー。

バブルB　ドライブも行きますしね。海にも行くし。

バブルC　年中遊んでいましたよね。

わかりあえない消費スタイル

白百合女子大・4年・女　すごいうらやましいなとも思うんですけど。でも、自分がバブルの時代に生きてたら、周りについていくために一生懸命やんなきゃいけないっていうのが、なんかちょっと息苦しくなりそうっていうか。私はスノボもやりますけど、自分がウェアや板を持ってなかったら友達に借りればいいやって気持ちなのに、なんかその時代は、新しいのを買うために頑張ってバイトするみたいな。

バブルB　苦しくなかったよ。

バブルA　楽しかったですよね。

バブルC　つらくはなかったですね。みんながそうだったからですかね。

バブルB　多分、わかりやすいゲームのルールみたいなものだったのかもしれない。みんながそれをゲームだと思ってやってた感じもあるので、純粋に楽しかった気はします。

原田　みんな、不思議そうな顔をしてるね（笑）。外国人同士の会話みたい（笑）。

専修大・3年・男　ウェアが他の人と被《かぶ》ったりしちゃうことはなかったんですか？

バブルB　ありましたね。メジャーなブランドだと被《かぶ》ったりするので、2着とか持ってて使い分けていた人もいた。

白百合女子大・4年・女　女の人がどういう生活をしてたのかって、全然想像がつかない。

バブルB　女の子は、男子にすごいおごってもらってましたよね、間違いなく。

バブルA　デートで割り勘とかあり得ない。

原田　さとり世代は、男女の割り勘も普通だもんね。せいぜい男子が少し多目に出すとか、そんな感じだもんね。

早稲田大・3年・男　1カ月のバイト代はどれくらいだったんですか？

バブルA　10万とか。

バブルB　そうですよね。そんなもんでしたよね。

早稲田大・3年・男　僕らも10万くらいです。

バブルB　逆に、さとり世代は何に使ってるんですか？

原田　さとり世代は、お友達に使っているんですよね。交通費も含めての交際費。例えば、いろいろな友達と付き合うために、カフェを3軒はしごするとか。ちょこちょこと飲食代、交通費に消えていく。人間関係数は、バブル世代よりさとり世代の方が圧倒的に多くなっているから、そのちょこちょこ消費の総額が大きい。「ハレ消費」のバブル世代と、「ケ消費」のさとり世代。

バブルC　そもそも、カフェ、なかったですから。ルノアールくらい。学食でお茶をするとか、そういうのはあったけど。

バブルB　ケータイもなかったし。通信費がかからない。

レジャーの多様化がお酒の消費を減らす

原田　東京のバブル世代は学生時代、どこでお酒を飲んでいましたか？

バブルC　僕はずっと車で移動してたんで、ほとんど飲まなかったですね。

バブルB　サークルの集まりがあったから、週に2日か3日は飲んでいた。お金がなくなってくると、渋谷の日本海っていう居酒屋がだいたい１０００円で飲める。１０００円ぐらいで飲んで、それがなくなると、友達の下宿とかに行って限りなく安く飲む。

早稲田大・4年・男　さとり世代はお酒を飲まないと言われるけど、飲み代以外にかかるお金が多いと思う。飲みの後に行くボウリング代だったり、カラオケ代だったり。

バブルC　飲んだ後にどこかに行く、はあまりなかったな。僕たちのころって、女の子は絶対帰りましたよね、終電で。

バブルB　女の子はオールしなかったですよね。よっぽどのことがないとね。

バブルA　マンガ喫茶もなかったし。夜中遊べるところがあんまりなかった。

バブルB　泊まれる場所が少なかったからね。

白百合女子大・４年・女　マン喫とかカラオケでオールとかしようとすると、普通に３０００円とか５０００円飛んじゃう。

バブルＡ　カラオケボックスもまだなかったしね。

専修大・３年・男　カラオケもないんだったら、終電逃したときってどうしてたんですか？

バブルＡ　友達の家。みんなで雑魚寝《ざこね》みたいな。

専修大・３年・男　歩くんですか。

バブルＢ　うん。歩いたこともある。タクシーは使わなかった。

バブルＣ　女の子、帰らないとすごい怒られましたもんね。

バブルＢ　女の子を家に帰さないと、その子の父親が出てくるんですよね（笑）。ケータイがないんで、その子の家に電話をかけなきゃいけなかった。そうすると、相手の女の子のお父さんとどれだけ仲良くなれるかっていうのがポイントになってくるんだけど、１～２回帰さないと、次から電話の取り次ぎがすごいきつくなって。名のった瞬間にバッと電話を切られるので、やっぱり家にはちゃんと帰さなきゃいけないっていう、相手の家族に対する配慮があった。

バブルＣ　向こうの家への電話って、すごい緊張するんですよね。あれが最大のハードル。だから、女の子と電話番号を交換しても、なかなか電話するの難しいんですね。勇気がいる。

原田　当時の恋愛話で盛り上がるバブル世代（笑）。話を少しまとめると、バブル世代が学生だったときは、お酒を飲みに行ったら、それで終わりだった。だから、お金があるときは、お酒代にお金をかけられた。でも、さとり世代は、そもそもいろいろな人とのお付き合いが発生しているし、他のレジャーの選択肢も増えたから、なかなかお酒代に集中投下できない。

一人でバックパッカーvsいつメンで熱海

原田　さとり世代は「海外離れ」をしていると言われていますが、バブル世代の海外志向について議論してみましょう。

バブルA　僕らのころにはやっていたのが、1カ月間ぐらいアメリカにホームステイすること。大学内でもみんな行ってて、それこそ必修単位みたいな感じだったんですよ。

原田　今でいう「短期留学」ですね。さとり世代の学生の間でも、「短期留学」は増えています。

バブルB　あと、卒業旅行はバックパッカー。カネかかんないし。僕、海外も国内もかなり行きました。

原田　さとり世代は、海外旅行、留学ともに減っています。国内旅行も、女子は横ばいに近いんですけど、男子が減っている。つまり、国内からも海外からも離れているのがさとり世代です。バブル世代は、なぜ、旅が好きだったんでしょう？

バブルB　単純に楽しかったし、今より情報が少なかったので、本当によくわからなかったんですよ。ちょっとしたプチ冒険感があった。大学3年のときにアメリカを一周したんですけど、ニューヨークの情報はあるんだけど、テキサスとかになると情報がまったくないんですね。ネットがないので調べようがなくて。そうすると、行き当たりばったりで、行ってみないと何が起こるかわからないワクワク感があった。

原田　さとり世代は、わからないことにワクワクしないよね。

横浜国大・3年・女　親御さんとかは許したんですか？　情報がないところに行くって、親が許してくれないなって思うんですけど。

バブルB　確かに母親は心配したんですけど。でも父親は行ってくればっていう感じ。

バブルA　そもそも親に言わなかったしね。一人暮らしだったから、勝手に行っちゃう。

バブルB　バックパッカー同士は、行った先で必ず仲良くなれるので、そういう意味では、新しい友達が地域ごとにできていくっていう感じ。

原田　さとり世代は、5人ぐらいの「いつメン」で熱海に行く、みたいになっています。仲良しと、行くとしても近距離に行くようになっているので、バブル世代と真逆。なんでそんな情報もないとこに一人で行ってんの、って感じ。グーグルマップもないのに（笑）。

横浜国大・3年・女　私たちはフェイスブックとかツイッターで、「ここに行ったよ」っていうのをちょっと自慢入った感じでみんなに伝えることができるんですけど、その当時は、行ったっていうことをみんなに自慢したりしてたんですか？

原田　さとり世代は、ソーシャルメディアを使えば、「旅自慢」が瞬時に多くの人にできる。それが旅の動機になっている人さえいる。事実、写真映えするという理由で、ウユニ塩湖へ卒業旅行に行って、その様子をソーシャルメディアに掲載するさとり世代は増えている。

バブルB　いや、自慢したいとかは、多分そんなになかった。

バブルA　それは結果であって目的ではないですよね。

バブルB　うん。よっぽど親しい人とかは、絵はがきっていう手段があった。

バブルC　あー、あったね。

バブルB　旅先のど田舎から絵はがき書くなんてことはあったけど、どっちかっていうと、自分がそこで何を得るかっていうほうが圧倒的なモチベーションになっていて、それを知らせるみたいなことはあんまり目的にはならなかった。

原田　仮に自慢ニーズがあっても、対面で会える人にしか自慢できませんでしたしね。

ネットで情報が入ってくるから海外にワクワク感がない

ICU・2年・女　海外が未知の世界だったから、すごいワクワク感があったっておっしゃってたんですけど、今ってやっぱり『世界！弾丸トラベラー』（日本テレビ系）とか『Woman On The Planet』（日本テレビ系）とかの番組で、見てるだけで行った気になっている人が多くて。未知の世界があまりない。

原田　昔も『なるほど！ザ・ワールド』（フジテレビ系）や『世界ふしぎ発見！』（TBS系）、『進め！電波少年』（日本テレビ系）の猿岩石とかあったけどね。ついこの間で言えば、『あいのり』（フジテレビ系）とか。

バブルA　でも、昔は情報はなかったですよね、今ほど。

バブルC　昔は本しかなかったです。『地球の歩き方』（ダイヤモンド社）とか。

ICU・2年・女　私のまわりでは、けっこうテレビの旅行番組を見ている人が多くて。海外とかに行っても、やっぱり事前にお店とかは、調べてわかってるじゃないですか。ネットとかで見てて、ワクワク感は減っているのかなと思う。もう知っているし、知り合いの誰かが行っているし、自分だけの思い出感にならないんじゃないかな。

原田　さとり世代の海外へのワクワク感の減退は、やっぱり、ネットやソーシャルメディアが理由としては大きいんだろうね。

早稲田大・3年・男　今は海外も日本も、生活様式ってたいして変わらない。景色しか変わらないんだったら別に行かなくてもいいかなって思っちゃうんですけど。

原田　いやいや、例えば、日本の多くの企業が市場として注目している東南アジアの家庭には、トイレットペーパーが未《いま》だに少ないからね。柄杓《ひしゃく》でお尻《しり》洗ってるんだから、生活様式は全く違う。それは完全に思い込みじゃない？　イスラム圏だってお酒が飲みにくいわけだし。

早稲田大・3年・男　ヨーロッパとかは、日本と違うのは景色だけっていうイメージがあるんで。そこにわざわざ行こうとはあまり思わない。

原田　同じ先進国でも全然違うと僕は思うけど、もっとわかりやすい違いを感じたいなら、アジアに行けばいいんじゃない？　中東やアフリカに行ったら、更に違いを感じられると思うよ。２０５０年には世界のＧＤＰに占めるアジアの割合が50％に達するのに、さとり世代のアジアへの関心は低く、アジアの若者研究家の立場としては悲しい。

バブルＡ　ちなみに、君はヨーロッパには行ったことはあるの？

早稲田大・3年・男　ないです。

バブルＡ　ないけど、同じだと思っちゃう？

早稲田大・3年・男　はい。いとこがずっとロンドンに住んでたんですけど、なんか写真とか送られてきても、家の感じとか日本とたいして変わんないし、景色も興味ないし。

原田　行ったこともないのに、知っている（笑）。

早稲田大・3年・男　東南アジアとかそういうとこはわかんないですけど、大都市だと国が違ってもあんまり変わんないんじゃないかなと思っちゃう。

宇都宮大・4年・男　一人でバックパッカーで行って、その場で出会った人と友達になるっておっしゃっていたじゃないですか？　僕は一人でニューヨーク旅行したことがあるんですが、誰も友達ができなくて。

原田　ユースホステルに泊まらなかったんじゃない？

宇都宮大・4年・男　ユースホステルではなかったですね。

バブルB　普通のホテルだと、特に大都会では難しいですね。

バブルC　そうか。ユースホステルに行かないのか、さとり世代は。

原田　一人で普通のホテルに泊まって友達ができたら、めっちゃ社交性が高い（笑）。

バブルC　クラブに行って友達を作ったりしなかったの？

宇都宮大・4年・男　なんか怖かったんで行きませんでした。ニューヨークの夜って、12時越えるとあまり治安が良くないって聞いてたので。

ミスコンより読モ

原田　さて、サークルに可愛い新入生が入ってきたとします。バブル世代はどう動きますか？

バブルC　落とそうっていう発想。

バブルB　アプローチを多分する。

バブルA　取り合いってありましたよね。

バブルC　取り合い、ありましたね。

さとり世代一同　エーッ。

原田　平和民族のさとり世代は、取り合いなんてしない（笑）。

バブルA　あった、あった。誰が車で送るかとか。

バブルC　そこは、空気読まなかった。

バブルA　合宿の夜に大変なことになった。

バブルB　あー、そうだね、確かに。

原田　すごい。さとり世代女子がみんな嫌な顔してる（笑）。

バブルC　ぬけがけが難しいんですよね、分かっちゃうんで。こっそりメールを打つみたいなことができないから。

ICU・2年・女　バブル世代は、どんなデートをしていましたか？

バブルC　一般的なデートといえば、やっぱり映画に行ったり、ドライブに行ったり。

バブルB　ドライブが多かった。箱根、横浜。

バブルA　箱根ね。基本ですね。横浜も多かったですよね（笑）。

慶應大・2年・男　イタイっすね〜（笑）。

原田　今の話のどこがイタイの？

慶應大・2年・男　なんか、ドライブとかしとけばいいでしょ、車持っとけばいいでしょ、横浜行っとけばいいでしょ、っていうマニュアル的なものが。

バブルB　逆にさとり世代に多いデートのパターンって、例えばどういうの？

慶應大・2年・男　カフェ行って、おしゃべりして、カラオケ行って、映画見て、ご飯食べて、解散。１回で４０００円とか５０００円とか。

原田　バブル世代はドライブで遠出してたけど、東京のさとり世代は集まりやすい繁華街に電車で集まり、その近辺で過ごす。

慶應大・2年・男　基本的に割り勘。男が多く出してもせいぜい６割。

バブルB　へーッ、そうなんだ（笑）。

原田　さとり世代の女の子は損してるね（笑）。

バブルA　車から降りるとき、女の子は財布を持って出なかったですよね。

さとり世代一同　エーッ。

バブルＢ　女の子も一応財布を持ったふりはしよう、みたいなマニュアルがあった。

原田　今それが引き継がれているのは白百合だけです（笑）。

バブルＣ　男には『Hot-Dog PRESS』（講談社）とか恋愛マニュアルみたいな雑誌がありましたね。

バブルＢ　『POPEYE』（マガジンハウス）とかね。恋愛は、そういう雑誌で学んでた。

原田　恋愛やファッションは、雑誌からマニュアルを学んだバブル世代。『電影少女（ビデオガール）』（桂正和《かつらまさかず》、集英社）という漫画にも、恐らくバブル世代が、初めての恋愛で、雑誌を読みまくってその通りのファッションをする、というシーンがあったけど、こうしたシーンは当時のエンタメには本当に多かったし、ある程度リアリティがあったんでしょうね。さとり世代は、恋愛はどこから学ぶの？

中央大・３年・男　雑誌とかじゃなくて、リアルな口コミになってる。先輩とか友達とか。例えば、友達が漫画喫茶でＨしたって話をしていて、自分もそれを試してみる、とか。

早稲田大・３年・男　さとり世代は人間関係が広くなっているから、それだけ口コミによる恋愛情報も増えていると思う。

慶應大・４年・男　昔より男女平等になっているから、男が仕切らないとというプレッシャーが少なくなっていると思います。男が仕切らないといけないプレッシャーが大きかった時代は、男は恋愛のマニュアルを勉強しなきゃいけなかった。でも、今は彼女が仕切っても良い。

中央大・3年・男　バブル世代の交際の期間は、平均したらどれぐらいだったんですか？

バブルA　どうなんでしょうね。それはあんまり今と変わんないんじゃない？

バブルC　昔は、付き合わないとセックスしなかったですよね。あやふやな関係ではあまりできなかった。

原田　初体験の年齢は、さとり世代では上がってきているので、団塊ジュニアやポスト団塊ジュニアあたりが一番性に乱れていたかもしれませんね。

白百合女子大・4年・女　男性は、車を持っていればモテる、という話だったと思いますが、逆に女性はどういう子がモテましたか？

バブルC　つれていて映える女ってモテます。

バブルA　ミスコンとかイベントコンパニオンは花形でしたよね。

原田　さとり世代は、ミスコンと付き合いたい？

早稲田大・4年・男　むしろ嫌です。自分が一番だから、尽くして下さい、みたいな感じが。

慶應大・4年・男　嫌ですね。劣等感を感じる。

原田　さとり世代は、昔に比べると、あまりタレントとかミスコンに憧れなくなっています。「高嶺《たかね》の花」過ぎて、自分には関係ない、って思うみたい。タレントにしても、身近っぽさを感じるＡＫＢが人気あるのも、それを象徴しています。そういう意味では、さとり世代が惹《ひ》かれるのは、ミスコンより「読モ（読者モデル）」です。「あの子、上智《じょうち》大学の〇〇ゼミにいるらしいよ」とか、手の届くブランドを身にまとっていて、恋愛的にも手が届きそうな感じが良いみたいです。

バブルＢ　あー、確かに。さとり世代は、読モ好きになっている。

雑誌マニュアルvs２８０円均一居酒屋

バブルＣ　あと、昔は本当にお泊まりができなかったんですけど、皆さんはどうですか？

バブルＢ　で、そのお泊まりのイベントがスキーだったりもしたんです。

バブルＡ　本当は２人で行くのに、サークルで行くみたいな嘘を親につく作戦とかありましたよね。

原田　さとり世代の女子の皆さん。彼氏とお泊まりに行くって親に言えない人は手を挙げて。圧倒的にマジョリティだね。オールがダメな人は？　あ、これは２人で少ない。

ＩＣＵ・２年・女　事前に言ってあればＯＫなんですけど、その場のノリだと駄目です。

原田　恋人のいないさとり世代も多くなっているし、先程の初体験の年齢が上がっているという話もあるし、さとり世代の恋愛は、保守化していて、真面目になっていると思います。東京のさとり世代が、デートで行くお店は？

早稲田大・4年・男　「牛角」。

早稲田大・3年・男　「温野菜」。

中央大・4年・男　「鍋《なべ》ぞう」。

慶應大・4年・男　「鳥貴族」。

原田　「鍋ぞう」と「鳥貴族」は本当に安いよね。

早稲田大・4年・男　「金の蔵Ｊｒ．」とか。

原田　かなり増えている２８０円均一居酒屋ね。

早稲田大・4年・男　「土間土間」。あそこならおごれる。

早稲田大・3年・男　安い居酒屋に行って、しかも、割り勘に近い状態。

バブルA　それこそ我々からすると、イタイやつですよね。

原田　バブル期は、安い居酒屋に２人で行くのはイタイやつ、しかも、割り勘なんてもっての外、と。

バブルC　多分、１回目に居酒屋に行くと、２度目は絶対女子は来ないね。

バブルB　ふられます。

さとり世代一同　エーッ。

早稲田大・4年・男　じゃ、バブル世代は、逆にどこに行ってたんですか？

バブルB　やっぱり、ちょっといい店ですよね。話題になっている店とか。

原田　雑誌に載っているとか、話題になっているとか、バブル世代はそこがお店選びのポイントですよね。大変マーケティングしやすくて、私としては優良顧客に感じます（笑）。

バブルC　高くないシャレオツな店。

早稲田大・4年・男　シャレオツ？

原田　おしゃれ、って意味（笑）。それを逆から言っただけ。

さとり世代一同　へえー。

原田　さとり世代は「デフレの申し子」だから、デフレによって生じた格安居酒屋でデートしても違和感がないんだね。「バブルvsデフレ」。非常に分かりやすい構図で、行く居酒屋にわかりやすくそれが表れているんだね。

バブルA　僕らの頃は、今ほどチェーン店みたいなのがいっぱいなかったんですよね。

バブルB　雑誌とかテレビとかで取り上げられている店がいい、みたいに思われていました。それを先輩から教えてもらったり。あんまりまだみんなに知られてない、みたいなところのほうが喜ばれたりしました。

バブルA　かろうじて「ゼスト」とかが出始めたときですね。

バブルC　あー、「ゼスト」は、当時はすごいシャレオツな店だった。そこへ行こうぜって言うと、女の子も行く行くってノリノリで。

バブルA　トレンディドラマで取り上げられた店とか人気でしたね。

バブルC　そうですよね。ドラマで取り上げた店ね。今ほどみんなが行っている店みたいなところがなかったし、雑誌に取り上げられたぐらいじゃ、本当に一部の人しか知らないから。ネットがないから。食べログとかもない。知っているけど行ったことのない店っていうのが、一番いいポジションにあったような気がする。

バブルB　新しい店をいち早く知ることが大事。新しい店がどんどんできてたから。

原田　さとり世代は、もちろんタイプにもよるんですが、全体的には「身の丈志向」になってきているから、シャレオツなお店に連れて行かれると、「緊張しちゃって嫌だ」って言う女子も多くなっていますよ。もう10年以上若者研究をやっている僕の実感値として、年々、仕事を手伝ってくれる若年女子を連れて行くお店の価格レベルを下げて良くなっている感触があります。自腹でよく若者たちにおごるので、大変ありがたく（笑）。バブル世代が若者だったときに若者研究していたら、お金が続かなかったと思います（笑）。

さとり世代は１９６７年の学生より貧しい？

原田　バブル世代が学生だったときは、どんなファッションをしていましたか？　東京のさとり世代に関して言うと、女子はルミネとかの駅ビル系で買うようになってきているとか、ファストファッションが多いとかよく言われています。地方のさとり世代だったら、イオンなどのショッピングモールですね。特にスマホが普及してから、オンラインショッピングも増えていますね。「ゾゾタウン」もそうだし、「GALSTAR」とか夢展望とか「神戸レタス」とか「グレイル」とかいろいろみんな使ってるよね。

桃山学院大・４年・女　私は韓国の「ディーホリック」をよく見ます。でも、結構高めなんで、買うよりそこで情報を得る、って感じです。

バブルＡ　丸井のバーゲンはすごい行列だった。

原田　丸井はさとり世代も行きますね。丸井でどんなブランドを買っていましたか？

バブルＢ　ギャルソンとかありましたね。コム・デ・ギャルソン。

バブルＡ　ユニクロはまだなかったと思う。大学生のときは、ほとんどなかった。

バブルＢ　ファストファッションは、基本的に当時はなくて、ファストファッション的なものだとすると、なんかスーパーのろくでもないものとか、そんな感じ。安かろう、悪かろうばかりで、今みたいに安かろうそこそこ良かろう、みたいなものは少なかった。

バブルＡ　だいたいリーバイスのジーンズにポロのポロシャツ着てればＯＫみたいな感じ。

バブルＣ　リーボックをみんな履いてた。

早稲田大・4年・男　うーん。さっきから、バブル世代が、どういうお店に行ってたかとか、どこで消費してたかっていうのばっかり聞いてたんですけど、逆にどういうところを節約してたというか、どういうところで手を抜いてたのかなって思って。今、お話しされてることを、全部実現してたら、おカネが足りないじゃないですか。

早稲田大・3年・男　絶対おかしいよ（笑）。

中央大・4年・男　どこにそんなおカネがあったのかが、すごく疑問だし。

白百合女子大・4年・女　キャッシングとかしてたんですか？（笑）

原田　さとり世代の感覚からすると、バブル世代の消費スタイルでは、おカネが回るはずがない、キャッシングしてみんな、多額の借金を背負ってたに違いない、と（笑）。

早稲田大・3年・男　だって、さっき聞いたみたいに、バブル世代の1カ月のバイト代が10万だったら、別に僕らと変わらないじゃないですか。そんなに使えるはずがない。

バブルＡ　僕は4年間風呂なしのアパートでしたから。日々、コンビニでバイトをして、賞味期限切れのお弁当とかを持ち帰ってきて、昼はそれを食べたりとか。それでバランス取ってたかな。食費とか家賃を削って。

原田　車や洋服などの「高額単品消費」をするバブル世代。交際費などの「ちょこちょこ少額消費」をするさとり世代。ここの違いがどうしてもお互いに理解できないみたいだね(笑)。あとは、世代全体で見ると、やっぱり、さとり世代の学生のほうが、バブル世代が学生だったときより貧しくなってきているのは間違いないですね。さとり世代は、生まれた時点では、戦後、最も豊かな世代でしたが、生まれてからは「失われた20年」で、特に彼らの親が疲弊していきましたからね。

慶應大・2年・女　仕送りはおいくらぐらいだったんですか？

バブルB　僕は自宅だったんで。

バブルC　僕も自宅だった。

バブルA　僕は岐阜出身。仕送りは、月10万でした。でも、家賃は2万だったから。

白百合女子大・4年・女　エーッ、２万って、安い。

原田　ちなみに、ある調査によると、２０１０年時点で地方から首都圏の私立、短大とかに入学したさとり世代の一人当たりの一日の平均生活費は１０６７円。これは１９６８年の調査開始以来、最低の数字。「失われた20年」で親が疲弊して、さとり世代の学生に影響が出ていて、バブル世代よりも大分貧しくなっている。奨学金を貰《もら》っているさとり世代も、全国で4割もいるし、若者研のみんなも、バイトに追われている子も多いもんね。
早稲田大・3年・男　１０６7円って、だって、昼飯ぐらいで終わってんじゃないですか。
原田　まあ、あくまで平均値ね。ちなみに、親からの仕送り額は、このバブル世代のお三方よりもちょっと後がピークで１９９４年だった。平均で12万円だったらしい。でも、さとり世代の２０１０年は9万円。また、家賃を除いた生活費は、２０１０年で3万５０００円。
さとり世代一同　エッ。
原田　１９９０年のときの学生は7万３０００円。
さとり世代一同　エーッ。
原田　日本経済が傾いてきたんだから、当然っちゃ当然の数値だね。バブル世代よりさとり世代のほうが、貧しくなってるんです。

バブル世代こそ「ゆとり世代」である

原田　では、みんなに切実な就活の話をしてみましょう。さとり世代の就労意識の特徴として、安定志向というのがよく言われる。公務員志望の人も増えているし、終身雇用制度を望む人も増えている。これだけ「ブラック企業」が話題になる世の中だから、大企業志向の人も増えている。さとり世代は就職氷河期世代で、非正規雇用者の比率もかなり高くなっているから、全体的に安定志向になっているんだね。一方、就職売り手市場だった、君らとは全く逆のバブル世代はどうだったのか聞いてみましょう。

バブルB　確かに就職は楽だったので、選び放題といったら語弊があるけど、わりに自分がやりたいことが選べた環境だった。失敗しても辞められるなっていう安心感があった。

原田　入ること自体が難しいし、一旦《いったん》辞めたらもうレールには戻って来れない感覚が、さとり世代には恐らくあるよね。

バブルB　企業はいくらでもあるし、ちょっと勤めてみて駄目だったら次行こうかなっていうのが、僕の当時の就職観で、とりあえず今の会社に入ったけれども、正直、３年ぐらいしたら転職してほかに行こうって思ってた。まあ、ずるずると今もいるって感じなんですけど。

バブルA　当時は就職しようと思ったら誰でもできましたからね。

原田　今で言うと、経済発展著しい東南アジアのタイが似たような状況ですね。失業率は、実質ほぼ０％に近い。今のバンコクの人を思い浮かべて、お三方の話を聞いて下さい（笑）。

バブルA　証券会社に入った大学の先輩から電話かかってきて、「明日、おまえ、面接来たら、１００％受かるから」とか言われて。面倒くさいから僕は行かなかったけど。みんな３つ４つ内定持ってましたね、普通に。

バブルC　中小企業の企業説明会に行くだけで３万円分のチケットとか配られてました。

バブルB　中小企業だと学生が来てくれないからおカネを出して呼ぶ、みたいな。

さとり世代一同　ヘエーッ！

バブルB　ＯＢ訪問でも、必ず飯をおごってくれた。

白百合女子大・4年・女　かつ丼？

原田　おいおい、警察の取り調べじゃないんだから（笑）。

バブルB　いやいや、ちゃんとした高級料理店に。あそこの証券会社はＯＢ訪問のレストランの質が悪いから行かないほうがいいとか、同じ業界ならこっち行くと寿司《すし》を食わせてくれるとか、そういう噂が飛び交ってた。

さとり世代一同　ヘエーッ！

慶應大・2年・女　内定者旅行とかもありました？

バブルA　けっこうありました。内定者を囲い込む謎の研修旅行。

原田　さとり世代の反応は、僕が初めてインドネシアに行ったときの衝撃に近いね（笑）。さて、さとり世代の皆さん、バブル世代からこういう話を聞いて、どう思いますか？

早稲田大・4年・男　イライラします。

立教大・4年・女　信じられない。

原田　さとり世代の憤りがすごい（笑）。さとり世代は空気を読むけど、気にせずもっと罵《ば》倒《とう》していいよ。書籍的にはちょっと汚い言葉で罵倒した方が盛り上がるから（笑）。

早稲田大・4年・男　バブル世代に何も言われたくない。俺たちのこと、わかるはずない。

早稲田大・4年・男　バブル世代こそ、ゆとり世代です。

原田　就活ゆとり世代（笑）。さとり世代は、ゆとり教育を受けてきたけど、就職のときには氷河期になって、大変苦労しているもんね。若者研には優秀な学生が多いけど、それでも就活浪人せざるを得なかった人もいるもんね。一方バブル世代は、幼いときはさとり世代に比べると貧しかったけど、就活のときには完全にゆとり世代だったもんね。

バブルC　でも競争は激しかったですよ。受験の倍率とかヤバかったよ、今から比べたら。今、僕らの3分の2だからね、受験生の人口。

原田　お。バブル世代が、ゆとりと言われてムキになってきた（笑）。でも、確かに大学に入るのは、今のほうが圧倒的に楽になっていますね。今は大学進学率も50%を超えていますし、そもそも同学年の人口が１２０万人くらいになっているし、大学の数もバブル世代の頃より圧倒的に増えているから。

バブルC　昔は願書出しただけで入れる大学なんてなかったですからね。

原田　今は4割の学生は、ＡＯ入試か推薦入試で入っているので、大学に進学する人のうちの半分近くはほとんどノー試験で大学入っていることになる。大学に入るまではさとり世代のほうが楽ちん、でも、就職に関してはバブル世代のほうが楽ちん。どっちが良かったんだろう。

バブルC　バブル世代は、今、リストラされているけどね（笑）。

原田　バブル世代は、行きはよいよい、帰りは怖い。さとり世代は、行きも帰りも怖い（笑）。バブル世代の皆さんは、就職先が選びたい放題の中で、どうやって将来を決めたんでしょうか？

バブルB　僕は心理学専攻だったので、心理学を活《い》かしたいっていうふうに考えると、広告会社はそれがダイレクトに活かせる唯一の業界だったという感じで、広告会社を選んだ。

原田　さとり世代は、やりたいことがあっても、こっちのほうが安定しているから、大企業だから、って安定性で企業を選ぶケースも増えているけど、バブルの時代は、安定性ももちろん重要だったとは思うけど、「やりたいことを仕事に」と、今よりは考えやすかったんでしょうね。

バブルA　僕も、おもしろくない仕事はやりたくないっていうのがあって。だから、出版社しか受けなかったんですよ。

立教大・4年・女　年収で選んだりとか、そういう考えはなかったんですか？

バブルA　そういう人はいましたね。金融系に行く人は結構そういうことを気にしていましたね。生涯年収がいくらだとか。

原田　今、人気のTBS系ドラマ『半沢直樹』は、まさにバブル入行組を描いていますね。半沢の場合は、親父の「復讐《ふくしゅう》」を動機に入行しているから異質だけど、彼の同期の及川光博《おいかわみつひろ》なんか、もっとお金が欲しくて外銀への転職を考えたことがあった、みたいなシーンもありましたしね。

バブルB　確かにね。今のほうがやっぱり安定という比重は高くなってきている気がする。

バブルC　景気が良かったから、どの企業に入ってもそんなに悪くなかったし。

原田　さとり世代が、一気にみんな、暗くなっちゃいました（笑）。バブル世代の皆さん！空気読んで下さいね（笑）。

立教大・4年・女　なんか自分が就職活動しているのが、すごいバカらしく思えちゃって。

早稲田大・4年・男　確かにバカらしく思える（笑）。

立教大・4年・女　何をこんなにがんばってるのか（笑）。

立教大・4年・女　悲しい気持ちになっちゃった（笑）。

原田　バブル世代の皆さん、さとり世代に謝罪して下さい（笑）。

バブル3人衆　本当にどうもすみませんでした！

あとがき

「さとり世代」とは、「さとった風世代」である。

これが、総勢61名のさとり世代の若者たちと、合計30時間以上にわたり議論を重ねてきたこの本の一応の結論です。彼らはまだ若いので、当然、本来、経験値的にさとることなんかできっこありません。

しかし、彼らが生まれてからの日本は、未曾有《みぞう》の大きな変化に直面し、右往左往・大童《おおわらわ》だったので、彼らは本当はさとっちゃいないのに、さとることなんてできるはずもないのに、とにかく自分たちだけは落ち着こうと、なんだかさとったようなクールな態度をとり、平静を装って生活してきたのです。

換言すれば、さとることを、さとったような態度でいることを、社会に強制されて生きてきた世代、と言うことができるかもしれません。

彼らが直面してきた日本の未曾有の変化とは、主に「長引く不景気」と「ソーシャルメデイア化」の二つです。

日本が沈みゆく「失われた20年」に、彼らは人生の大半を過ごしてきました。だから彼らは消費には極めて慎重な体質になっています。常にコスパを意識し（ブランド物でさえコスパの良い物を選ぶ）、かつての若者のように、消費意欲が旺盛《おうせい》で新商品にビビッドに反応を示したり、見栄《みえ》を張るために豪快な消費をしたりはしません。もし仮にアベノミクスで景気が良くなり、それが個々人の賃金に反映され出すステージに突入しても、恐らく彼らの消費スタイルは、バブル期の若者のような身分不相応なものにはならないでしょう。極端な高額消費には向かわず、せいぜい、ファストファッションでワンピースを、それまで月に5着買っていたのが、10着になるといった程度の変化に留《とど》まるかもしれません（それでもマクロ的観点で見れば、日本の景気には大きな影響をもたらすでしょう）。

それよりも彼らが望む消費とは、ソーシャルメディアによって増え過ぎてしまった彼らの人間関係をメンテナンスするためのものです。本文中に出てきた「少額ちょこちょこ消費」「経験消費」「応援消費」「いいね！症候群」「ネタ消費」などがそれにあたります。

これらの現象が、大人から見ると、彼らのことが何だかさとったように見えてしまう一つ目の原因になっています。

もう一つの要因の「ソーシャルメディア化」とは、ケータイとソーシャルメディアが普及する中、小さい頃から彼らががんじがらめにつながった人間関係の中を生きてきたことを指しています。だから彼らはかつての若者のように、無性に目立ちたがったり、ビッグマウスになることはありません。それよりも、ソーシャルメディア村社会の中で、出る杭《くい》にならないことを好み、周りの村人から「イタイ」と思われないように、強い同調志向を持つようになっています。

　こうした社会環境の大きな変化から自分の身を守るために、過剰に世の中に期待をして振り回されないために、ある種の処世術として、今の若者たちはあくまでクールに、客観的に、さとったような冷静沈着な態度をとるようになったのです。

　これが「さとり世代」誕生の真相です。

　余談ですが、既にあった彼らを指す呼称である「ゆとり世代」は、ただ単に彼らがゆとり教育を受けた世代だ、ということだけしか言っておらず、彼らが一体どういう特徴を持った世代なのかがわかりません。また、本人たちの多くも、「ゆとり世代」と呼ばれることに嫌悪感があるようなので（大人が勝手に押し付けた教育をネガティブな意味で世代呼称にされたらかなわないという彼らの言い分はよくわかります）、この「さとり世代」という世代呼称のほうが、彼らの世代的な特徴を的確に言い表した言葉であるように思います。

さて、我々上の世代は、本書で展開されたこれまでのさとり世代との議論から一体何を感じるべきでしょうか。

一つは、まだもっと無邪気で自分勝手で未成熟で主観的であって良いはずの若者たちを、さとった風に老成させてしまったのは、紛れもなくこの20年間の日本、そしてその中心プレーヤーであった我々大人たちだということです。「ゆとり世代はダメだ！」と言うのは簡単ですが、ゆとり教育を作ったのは我々大人です。「近頃の若者はけしからん！」と言うのは簡単ですが、近頃の若者を作ったのは我々大人です。

もう一つは、我々大人が、「さとり世代」から学べることがたくさんあるのではないか、ということです。これまで議論してきたように、この不安定な日本の状況に対応するために、若者たちはさとった風な態度をとるに至っています。もっと言えば、我々大人が作った社会システムへの対応策として、今の若者は「さとるという処世術」を身につけたとさえ言うことができます。

見方によっては、彼らは人生の全ての局面において、浮かれず、極めて理性的で、大変地に足がついている、と言うこともできるかもしれません。

好景気への期待が高まっている中、身分不相応に浮かれ、過去の過ちを繰り返す愚かな人が出てくるとすれば、それはさとり世代からではなく、我々大人たちの中から出現する可能性が極めて高いのではないでしょうか。我々はこのつらかった20年を決して忘れることなく、あくまで謙虚に、一歩ずつ、日本人らしいきめ細やかで付加価値の高い商品やサービスを開発・提供し、この激しいグローバル競争に勝っていかなければいけません。

もちろん、さとり世代にも問題はたくさんあります。さとるはずのない若者が、さとった風な態度をとることによって、失ってしまっているものもたくさんあると思います。簡単に言えば、さとり世代は、かつての若者が良くも悪くも持つことができていた「行動力」と「無駄」を失っているように私は感じています。

このことに関して、現場研究員の中央大学の村西君が議論の中で、こんなセリフを言ってくれました。私の発言に対しての好意的な感想なので少々恥ずかしいですが、さとり世代へのエールとして敢《あ》えてここで掲載したいと思います。

「僕は、『世の中には、無駄なことがたくさんある。もちろん、ただの無駄もたくさんあるのだけど、でも、一見必要ないと思われるものの、新たな発見や体験をもたらす無駄も人生にはあって、リスクヘッジやコスパだけを考え、人の目を過剰に意識し過ぎると、そういった必要な無駄は得られず、新たな発見や体験ができにくくなるんだよ』という原田さんの話が、今回の議論の中で一番心に残ったんです。自分自身、コスパや他人の目を気にし過ぎていたし、しかもそのことに無自覚だったからはっとしました」

くり返しになりますが、我々大人が、この不安定な社会への処世術として生まれたさとり世代から学べることはたくさんあります。また、会社の後輩・部下、自分の子供など身近にさとり世代がいるなら、不安定な世の中を打破する次世代のイノベーションにつながる「行動力」と「必要な無駄」の重要性を彼らに説いていく責務があると思います。彼らと本音で議論したこの本が、少しでもそうした皆さんの日常の中での議論の一助になれば光栄です。

最後に、若者研が所属する博報堂コンサルティング局局長であり、「バブル世代vsさとり世代」の討論にも参加して下さった宮澤《みやざわ》正憲《まさのり》さん、いつも若者研のメディア露出をプロデュースして下さっている藤井廣太《こうた》さんをはじめとする博報堂広報室の皆さん、若者研の運営を日々担って下さり、バブル世代として討論に参加して下さったバイデンハウスの柳内《やなうち》圭雄《たまお》さん、若者研に加わってくれた遠藤礼奈《れいな》さん、ボヴェ啓吾《けいご》君、高橋《たかはし》悠一郎《ゆういちろう》君、長尾彩香《あやか》さん、そして貴重なアドバイスをくださった桃山学院大学准教授の岩田《いわた》考《こう》先生、何より長時間にわたり一緒に議論してきた計61名の現場研究員の皆にもお礼を言わせて下さい。

博報堂ブランドデザイン若者研究所

「さとり世代」書籍制作プロジェクトメンバー

東星羅　安藤明　池田みなみ　池永彗　石井エリザベス玲子　石崎春日子　泉恵介

稲垣克哉　井上俊樹　薄井由実果　梅田一平　大木麻鈴　大関沙織　大塚真妃　小木曽詢

奥野あかね　尾嶋孝弘　小副川真央　歸山和大　柏原瑞稀　片桐優太　加藤大貴　川中崇史

甘中ちはる　北爪聖也　君塚あずさ　空閑悠　栗木竜平　小佐々龍人　小林大哉　近藤理紗

佐藤鴻　塩田修大　新藤正裕　杉山茉奈美　鈴木悠河　瀬戸志織　高崎莉世　田中未来

田中由貴子　築比地真理　長沼あね佳　中村真子　萩野格　橋本大祐　平塚良知　福島大貴

古林拓実　堀優磨　増田千瑛　松井由季　松島佳奈　松本彩愛依　松本久美　三村周平

宮下晃樹　村西祐紀　山口拓穂　吉田成也　和島由佳　渡邉友美

さとり世代用語辞典

【アタカワ】自分のことを可愛いと思っている女子への揶揄《やゆ》。

例文「あの子ってアタカワだよね～」↑「あたしかわいい」からきている。

日本語訳「あの子は自分のこと可愛いと思ってるよね」

【安定の～】いつも通りの。行きつけの。

例文「どこで遊ぶ？」「安定の渋谷でしょ！」

日本語訳「どこで遊びますか？」「いつも通り渋谷に行きましょう」

【アンパイ】無難なもの、こと。またはその様。恋愛において、手軽に付き合えそうな異性を指す。

例文「ゆきちゃんはアンパイ」↑安心して狙いに行け。

日本語訳「ゆきちゃんならフラれる心配がなさそうだ」

【おこ】怒りの感情をオブラートに包んでいる。本気で怒っている時には使わない。

例文「こないだ飲み会ドタキャンしたでしょ？　主催者の子、おこだったよ」↑実はそんなに怒ってない。

日本語訳「先日の飲み会を急に欠席しましたね？　主催者の子、少し不機嫌でしたよ」

【オワコン】流行《はや》っていたが、現在は廃れてしまった（終わった）コンテンツのこと。

例文「あの芸人もうオワコンだよね」↑そんなの関係ねえ。

日本語訳「あの芸人は、昔は人気だったけど今ではもう見ないね」

【終わり】不都合が生じたとき、失敗を茶化すときに用いる。

例文「起きたら授業が始まる時間だった。終わった」↑人生の終わりかのように言うが実はそこまで深刻ではない。

日本語訳「授業が始まる時間に起床した。これはまずいことになったぞ」

【ガチ】①本気。マジ。②強調。（ガチギレ、ガチ喧嘩《げんか》など）

例文「ガチで言ってんのそれ」

日本語訳「本気で言っているのですか？」

【勝ちゲー】勝ちの決まったゲーム。容易に達成できること。

例文「あの試験は、持ち込み可だから勝ちゲー」

日本語訳「あの試験は教科書持ち込みができるから、容易に点を取ることができる」

【かっこわら】痛々しい様。（笑）。

例文「あいつのドヤ顔かっこわらだよね」↑メールで使っていた記号が会話においても使われるようになっている。

日本語訳「彼のドヤ顔は痛々しいよね」

【かまちょ】構って貰《もら》いたがる人。
例文「彼女がかまちょで面倒臭い」
日本語訳「彼女が何かと構って貰いたがるので、面倒くさい」
【神！】①誰かに対する賞賛。②嬉《うれ》しい気持ち。
例文「食べたいって言ってたケーキ買ってきたよ」「神！」
日本語訳「食べたがっていたケーキを買ってきました」「あぁ、なんて素晴らしい人でしょう」
【かわたん】可愛いという感想を可愛げを含めて言うこと。
例文「見て！　あのトイプードルかわたん～」
日本語訳「見てください。あのトイプードルはとても愛らしいですね」
【ガン～】強調。
例文「ガン見（凝視する）」「ガン無視（断固として無視する）」↑強調言葉によって修飾される言葉はある程度決まっている。
【ぐぅかわ】ぐぅの音も出ないほど可愛い様。
例文「お前の妹ぐぅかわじゃね？」
日本語訳「あなたの妹はぐぅの音も出ないほど可愛いですね」
【～しか】～するしかないの省略。

例文「ワールドカップは観にいくしか！」
日本語訳「ワールドカップは観にいくしかない！」
【それな】同意を表すあいづち。そうだね。
例文「明日のテストだりい」「それな」
日本語訳「明日のテスト嫌ですね」「そうですね」
【つらたん】つらい気持ち。ちょっとした不幸に遭ったときに使う。
例文「せっかく学校行ったのに、授業休講でつらたん」↑そこまでつらいわけではない。
日本語訳「せっかく学校行ったのに、授業が休講で少し残念に思う」
【ディスる】悪口を言う。
例文「今日も顔ディスられてつらたんだわ」
日本語訳「今日も顔の造作を嘲笑《ちょうしょう》され、不快な気分だ」
【とりま】とりあえず、まぁ無難に。
例文「とりま飲み行く？」
日本語訳「とりあえずまぁ、お酒を飲みに行きませんか？」
【バチ〜】強調。
例文「バチ酔い（とても酔っている）」「バチギレ（とても怒っている）」「バチかわ（とても可愛い）」

【下手したら】 ひょっとしたら。もしもの場合。

例文 「下手したら今日バイト休むわ」↑特に下手なことはしていない。

日本語訳 「ひょっとしたら今日はアルバイトを休む」

【メンヘラ】 ①病んでる人のこと。②女々しい人のこと。

例文 「あの子が言うことってメンヘラ気味だよね」

日本語訳 「あの子の言うことは精神的に不安定だよね」

【病んでる】 精神的に不安定な状態。

例文 「最近あの子彼氏と別れて病んでるよね」↑風邪を引いているわけではない。

日本語訳 「最近あの子は彼氏と別れて鬱々《うつうつ》としていて塞《ふさ》ぎがちだ」

【ゆーて】 そうはいっても。とはいえ。だけど。譲歩の意。

例文 「終電無くしたわ。ゆーてタクシーで帰れるけど」

日本語訳 「終電を逃した。とはいえ、タクシーで帰ることができるが」

【よっ友】 挨拶《あいさつ》をする程度の顔見知り。↑「よっ！」と挨拶することから。

例文 「あいつと仲良かったっけ？」「いや、よっ友程度だよ」

日本語訳 「あの人と仲良かったですか？」「いや、挨拶をする程度の仲です」

【リア充】 リアル（現実生活）が充実している人、またその様。

例文 「リア充な大学生活を送っている」

日本語訳　「楽しいことばかりで充実した大学生活を送っている」

【りょ】　了解。

例文　「明日の待ち合わせ新宿ね！」「りょ！」

日本語訳　「明日の待ち合わせは、新宿でお願い致します」「了解」

【〜レベル】　程度を表す。〜するくらい。

例文　「昨日約束ドタキャンしてごめん。土下座するレベル」←そこまで本気で言っておらず、土下座する気などない。

日本語訳　「昨日は約束を破って申し訳ありません。どれくらい反省しているかというと土下座するくらいです」

【わろた】　面白い状況への感想。

例文　「留年決まったワロエナイ」←「笑えない」を使うと深刻度が増す。

日本語訳　「留年が確定してしまい、笑えない状況だ」

【ワンチャン】　①ワンナイトラブ。②ゼロではないが可能性が低いことを示唆する。

例文　「明日飲みに行こうよ！」「ワンチャンありだわ」←行くかわからない。逃げ道があるので、断りづらい時に保留できる便利な言葉。

日本語訳　「明日、一緒にお酒を飲みましょう」「行かない可能性がありますが、そのときの状況に応じて決断します」

原田曜平（はらだ・ようへい）
1977年東京生まれ。慶應義塾大学商学部卒業後、（株）博報堂入社。ストラテジックプランニング局、博報堂生活総合研究所、研究開発局を経て、現在、博報堂ブランドデザイン若者研究所リーダー。多摩大学非常勤講師。2003年JAAA広告賞・新人部門賞を受賞。共著書に『10代のぜんぶ』（ポプラ社）、『中国新人類・八〇后《バーリンホウ》が日本経済の救世主になる！』（洋泉社）、『情報病』（角川書店）、『これからの中国の話をしよう』（講談社）、単著書に『近頃の若者はなぜダメなのか』（光文社）などがある。

図版作成／スタンドオフ

さとり世《せ》代《だい》

——盗《ぬす》んだバイクで走《はし》り出《だ》さない若者《わかもの》たち

原《はら》田《だ》曜《よう》平《へい》

2013年10月10日　初版発行

発行者　山下直久
発行所　株式会社KADOKAWA
東京都千代田区富士見2-13-3　〒102-8177
電話　03-3238-8521（営業）
http://www.kadokawa.co.jp/

編　集　角川書店
東京都千代田区富士見1-8-19　〒102-8078
電話　03-3238-8555（編集部）

装丁者　緒方修一（ラーフイン・ワークショップ）
印刷所　暁印刷
製本所　BBC

角川oneテーマ21　C-254

ISBN978-4-04-110543-6 C0295

C-248

産科が危ない
——医療崩壊の現場から

吉村泰典

産科の訴訟件数は外科の3倍、内科の8倍。医療不安が医師減少を招き、医療崩壊へとつながっている現実。産科の危機的状況と改善に向けた取り組みを紹介する。

B-165

嫉妬の法則
——恋愛・結婚・SEX

ビートたけし

「純愛なんて、作り物なんだ」「ワイセツってのは、いいことだ」……恋愛から不倫、結婚・離婚の話まで。世界のキタノだけが知る、男と女の〝驚きの本性〟とは？

A-166

幸せな挑戦
——今日の一歩、明日の「世界」

中村憲剛

全国大会に出場したのは小学生の時だけ。選抜歴も同じ小学生時代の「関東選抜」が最高キャリア。なぜ「非エリート」の彼が日本代表まで上りつめることができたのか？

A-167

ナマケモノに意義がある

池田清彦

労働をはじめたばかりに人間は不幸になった!? 労働は美徳ではない!? 生物学の知見から導き出した、池田流「怠けて幸せになるための32の知恵」。

B-162

英語でケンカができますか？

長尾和夫
トーマス・マーティン

スマートに「怒る」英会話術！ 交渉、抗議、注意やクレーム……トラブルをチャンスに変えるレトリックを身につける。ビジネス英語の「今」がわかるコラム付き！

C-178

「都市縮小」の時代

矢作 弘

拡大信仰を捨て復活を遂げた欧米の都市。対して縮小政策を始めた国内地方都市の未来とは。都市政策のスペシャリストによる米独日の徹底ルポ！

C-179

情報病
——なぜ若者は欲望を喪失したのか？

三浦 展
原田曜平

最近の若者は欲望を失った、草食化したと言われる。それはなぜか？ 情報過多時代に育った現代の若者の消費動向の奥にある真実に迫る。